# L'ART DE MOURIR AU LOIN

## *Du même auteur*

*Le jeune homme, la forteresse et la mort*, Gallimard, 1992.
*Les sous-lieutenants*, Gallimard, 1996.
*Le fond des choses*, Gallimard, 1999.
*Un dieu dans le souffle du jour*, Christian Bourgois, 2002.
*Fantaisie pour deux colonels et une piscine*, Christian Bourgois, 2007.

## *Sur l'auteur*

Mário de Carvalho naît à Lisbonne en 1944. En 1971, au début de son service militaire, il est arrêté par la Police internationale et de défense de l'État (PIDE) en raison de sa résistance à la dictature salazariste. Soumis à la torture, condamné à quatorze mois de prison, il réussit à quitter clandestinement le Portugal pour se réfugier en Suède, où il obtient l'asile politique à la veille de la révolution des Œillets du 25 avril 1974. À son retour à Lisbonne, il exerce un temps le métier d'avocat, défendant principalement des causes syndicales. Couronnée par de nombreux prix, saluée par la critique comme l'une des plus originales de la littérature portugaise contemporaine, son œuvre aborde différents genres – nouvelle, roman, théâtre –, et fait l'objet de multiples traductions et créations théâtrales ou cinématographiques. Mário de Carvalho a été professeur invité de l'École supérieure de théâtre et de cinéma et a enseigné l'écriture théâtrale à l'université de Lisbonne, où il anime actuellement un séminaire sur l'écriture de la fiction brève. Il vit à Lisbonne.

Mário de Carvalho

# L'ART DE MOURIR AU LOIN

Chronovélème

Traduit du portugais (Portugal)
par Marie-Hélène Piwnik

LES ALLUSIFS

Ouvrage publié sous la direction
de Florence Robert

*Nous remercions le gouvernement du Canada de son soutien financier pour nos activités d'édition par l'entremise du Fonds du livre du Canada. Nous remercions également le Conseil des arts du Canada, la Société de développement des entreprises culturelles du Québec (SODEC) et le Programme de crédit d'impôt pour l'édition de livres du Québec (Gestion SODEC) du soutien accordé à notre programme de publication.*



Titre original : *A Arte de Morrer Longe*

www.lesallusifs.com

ISBN 978-2-923682-34-1

Dépôt légal – Bibliothèque et Archives nationales du Québec, 2014

Diffusion et distribution
En France : Actes Sud – UNION DISTRIBUTION
Au Canada : Gallimard ltée – SOCADIS

Mise en pages : Compomagny
Illustration de la couverture : François Berger

*Imprimé en France*

# Préface

Mário de Carvalho est un des auteurs portugais les plus doués, les plus variés, les plus féconds de ces dernières années. Couronné de nombreux prix au Portugal, en Italie, aux États-Unis, très apprécié au Brésil, il est traduit dans plusieurs pays d'Europe, dont la France et, assez récemment, l'Espagne. Il écrit pour le cinéma et le théâtre (et même l'opéra), toutes ses pièces sont jouées dans son pays, et l'une d'elles a été publiée aux Éditions théâtrales[1].

En ce qui concerne la fiction, il passe avec le même brio d'œuvres qui se déroulent à des époques anciennes – XVIII$^{e}$ siècle, Lusitanie romaine[2] –, tout en rejetant l'appellation de roman historique, à des productions qui ciblent son temps avec une féroce jubilation, guerres coloniales[3], parti communiste (auquel il a appartenu), révolution des Œillets, intelligentzia et communication sociale, petite pègre indigente, etc. C'est enfin un maître de la nouvelle,

1. *Vive l'harmonie !*, 2005.
2. *Le jeune homme, la forteresse et la mort*, Gallimard, 1992 ; *Un dieu dans le souffle du jour*, Christian Bourgois, 2002.
3. *Les sous-lieutenants*, Gallimard, 1996.

tantôt fable, tantôt conte, ou courte narration, d'une saisissante inventivité[4].

S'il fallait trouver une unité dans ce brillant kaléidoscope, c'est sans doute la notion de subversion qui fournirait les meilleurs arguments. Son écriture joue avec les genres, les catégories du récit, les instances de discours, pour les interroger et les remettre en question en privilégiant la complicité, le clin d'œil, l'indépendance ironique et absolue.

Avec *L'art de mourir au loin*, Mário de Carvalho continue de nous proposer joyeusement la dérisoire comédie humaine de son époque, en reprenant l'idée du « chronovélème » déjà utilisée pour *Le fond des choses*[5], et *Fantaisie pour deux colonels et une piscine*[6]. Prenant appui sur différents genres, le roman devient ainsi creuset d'autres arts, le cinéma et ses cadrages, la farce et ses bouffons, la poésie et son onirisme, la bande dessinée dans sa dimension caricaturale, etc., que l'auteur inscrit dans notre temps. Le *chronos* rythme les saynètes souvent hilarantes, anime les personnages hauts en couleur, sous-tend les dialogues incisifs, organise les points de vue, et permet à l'auteur de s'introduire dans le récit tel un impertinent ludion : il n'hésite pas à ressusciter le dialogue avec le lecteur interpellé au long des pages, s'autorise à introduire une réplique de la fin du livre alors qu'on n'en a lu que la moitié, propose de remplacer le *deus ex machina* par « Mandrake fait un geste hypnotique », ironise sur les modes littéraires comme le flux de conscience de May Sinclair ou l'angoisse de l'influence de Harold

---

4. « Le rêve », *La Nouvelle Revue Française*, n° 530, mars 1997 ; « L'auteur », *Des nouvelles du Portugal*, Métailié, 2000.
5. Gallimard, 1999.
6. Christian Bourgois, 2007.

Bloom, ou encore se met à distance de sa propre écriture. C'est dire qu'il jette dans le même sac avec un enjouement non dissimulé l'auteur et le narrateur, que la critique littéraire du XX$^{e}$ siècle a tant voulu distinguer… Jonglant avec tous les comiques, de situation, de langage, de gestes, il a aussi recours à l'intertexte, des grands auteurs portugais comme Eça de Queiroz ou Cesário Verde aux maîtres des littératures étrangères, Tolstoï, Galsworthy, Gogol, en étendant ce type de références à tel film de George Pal ou de Vicente Minnelli, ou en nous proposant un mélange des genres qui va du conte populaire au professeur Tournesol ou encore à Trimalcion, un personnage du *Satyricon* de Pétrone qui n'a pas échappé à Alexandre Dumas.

La rocambolesque histoire d'une tortue dont veut se débarrasser le couple qui la possède et qui est au bord de la rupture permet ainsi à Mário de Carvalho de brosser par petites touches avec une virtuosité assassine le tableau d'une société qui, comme à l'ordinaire chez lui, est extensible à d'autres pays que le Portugal, et véhicule superficialité, bêtise, incompétence, rancœurs, désordres, contradictions, prétendue modernité, etc. Cependant, la précieuse toile de fond que constitue Lisbonne donne aux péripéties des uns et des autres un charme irrésistible, que l'on baguenaude dans les quartiers qui furent chics de la moyenne bourgeoisie, ou que l'on s'enfonce dans les entrailles besogneuses des recoins populaires, ces derniers donnant lieu à la description d'un vétuste magasin d'outillage qui devient un véritable morceau d'anthologie. Et une sorte d'impalpable tendresse rachète les anti-héros de cette parabole, où ledit chélonidé confiné dans son aquarium évoque « la condition humaine, libre de s'ébattre dans ses limites, mais ne faisant que pressentir, sans les comprendre, et sans en atteindre la véritable nature, les voix, les rumeurs, les fulgurations tout autour».

«C'est une étrange entreprise que celle de faire rire les honnêtes gens», nous dit Molière dans *La Critique de l'École des femmes*. Mário de Carvalho, drôle comme jamais dans ce livre, nous proposerait-il une résistance par l'humour et la dérision au monde de plus en plus angoissant qui nous entoure?

Marie-Hélène Piwnik

À mes filles
Ana Margarida de Carvalho
et Rita Taborda Duarte

This world surely is wide enough
to hold bother thee and me.

Laurence Sterne, *Tristram Shandy*

"What we want", said Harris, "is a change".

Jerome K. Jerome, *Three Men on the Bummel*

Dans Lisbonne la belle, jamais trop encensée, ville des villes, célèbre havre de douceur nimbé de ciboires et de palmiers, la mode des tortues exotiques finit un jour par lasser. Les bestioles avaient exagérément grossi, au point d'occuper tout l'espace des aquariums domestiques, se cognant à l'aveugle contre les parois, au risque de les rompre et de perturber ainsi la tranquille intimité des familles. De furtives silhouettes, procédant à la faveur de l'obscurité à de frémissantes sorties nocturnes, se chargèrent de disséminer les bedonnants reptiles dans les bassins et les mares de Lisbonne, un bon nombre se retrouvant dans le lac du Campo Grande. Qui serait passé dans les parages la nuit avec une lampe de poche, à la recherche peut-être d'un trousseau de clés égaré, ou d'une pièce porte-bonheur, aurait surpris, le long des rives boueuses, de multiples excroissances tuméfiées et verdâtres, d'où émergeaient les yeux minuscules au sein d'une rondeur quelque peu effarée.

C'est alors que l'on décida de redonner vie au bassin du Musée de la ville, datant du XVIIIe siècle, et qu'une moelleuse couche de limon en demi-teintes dolentes obscurcissait, au moyen de carpes juvéniles qui zébraient d'un luxe de couleurs les eaux limoneuses.

Les canards, qui habitent le lac depuis des générations et se donnent à voir le dimanche cinglant à la surface, flottille bourgeoise suivie de sa grise progéniture en file indienne, acrobates qui culbutent dans l'abîme noir, pointant un coussinet ovoïde et duveteux entre deux fugacités jaune d'or, accusèrent à leur façon la taciturne invasion des tortues. Ils organisèrent des patrouilles, firent des reconnaissances et découvrirent à quel point étaient savoureuses les carpes, que les employés du musée ne cessaient de renouveler, attribuant injustement leur disparition à des mains humaines, vandales ou vagabondes.

Mais, dans les cieux limpides, cristallins perchoirs d'où se rétrécit tout l'œuvre humain, découpé en carrés géométriques, et d'où l'on voit le Portugal dans toute son étendue, ourlé de la diffuse blancheur de ses plages et encastré dans une mer vaste, claire et brillante, veillent, torves et sombres, certaines funestes présences. Avec leur regard oblique, leur bec crochu et leurs puissantes ailes carrées, les faucons de l'aéroport sont des travailleurs mal payés, pour lesquels ces gros canards commencent à prendre du sens, leur appétit s'étant émoussé pour la foule monotone des pigeons qui se réfugient en débandade dans des abris aussi grisâtres qu'eux.

Les fauconniers peuvent toujours attendre, le gantelet levé, faisant leurs signaux traditionnels depuis des siècles, les faucons, eux, veulent se servir de leurs serres, et ont des comptes à régler avec ces intrus qui cancanent dans leur scrupuleux champ de vision. Les arbres et les fourrés du Campo Grande autrefois les dissimulaient, mais, dans les jardins du musée, ils s'offrent au regard, distraits et disponibles, comme une offrande accordée par la divinité des oiseaux de proie.

Et c'est autour de cet aristocratique bassin, orné de mousses et de lichens, semé de gracieuses figures évoquant farouches nudités et alertes menuets, que se répandirent grands éclaboussements, s'élevèrent poignantes criailleries et stridences, blessant l'oreille et faisant trembler les vitres. De robustes serres de bronze déchiquetèrent chairs et plumes dans un tourbillon confus de blessures ouvertes, spectacle affreux comme jamais l'on n'en avait vu de semblable, même sur les chaînes les plus glauques de la télévision.

Personne ne se risque à déterminer l'exacte causalité de cette soudaine cascade d'événements, mais on peut supposer que ni les familles qui s'étaient séparées de leurs tortues, ni l'honorable conservateur du musée, ni les fauconniers qui protègent les avions, ni aucun des citoyens de Lisbonne ne pressentirent un dénouement aussi sanglant et aussi spectaculaire. C'est le destin des hommes que d'être systématiquement trahis par les caprices de la réalité. Même si une quelconque Cassandre les avertissait de la marche des choses, ils n'en cesseraient pas pour autant d'agir aveuglément, ce qui est propre à leur nature, soumise à un destin écrit je ne sais où.

L'écrasante majorité des habitants de Lisbonne n'eut pas connaissance de ces faits affreux qui, d'ailleurs, auraient provoqué chez eux l'horreur et la répulsion. Non plus que certain jeune couple mal en point, habitant le quartier du Lumiar, et convaincu à ce moment précis que sa « communauté de vie » (lumineuse formulation légale) rendait le dernier soupir. Avant la phase du divorce, dont ils prévoyaient tracasseries bureaucratiques et méandres juridiques, ils s'occupaient de leur séparation physique et matérielle au sens propre.

Elle était grave, tout en souriant de cette façon particulière qu'elle avait de contrarier ses traits, démentant ses lèvres par son regard, à bon entendeur; lui tambourinait du bout des doigts et faisait mine de reprendre ses esprits après des accès de distraction, comme s'il ne faisait, à la vérité, rien d'important. Et ils s'appliquaient donc tous deux, cette nuit-là, transportant des livres, disques, bibelots, élaborant des listes, se traitant avec une glaciale courtoisie, après avoir dîné chacun de son côté. Ils sous-entendaient l'un comme l'autre avoir dîné avec leur partenaire, alors qu'en fait elle revenait du libre-service désert d'un centre commercial, et lui d'un obscur bistrot avec des sandwichs à un euro.

Ils s'appelaient Arnaldo et Bárbara, avaient dans les trente ans, étaient employés de bureau, et chacun d'entre eux était, d'après leurs dires plus allusifs qu'avoués, « intéressé » par quelqu'un d'autre.

Ils classaient et inventoriaient sans effort, avec cette assurance supérieure des fonctionnaires des impôts quand ils additionnent des facturettes, ou des ordonnances pharmaceutiques avec TVA à 5 et 11 %. Comment est-ce possible ? Comment ne se laissent-ils pas distraire ? Comment ne se trompent-ils pas ? Comment ne s'ennuient-ils pas à mourir ? L'âme humaine regorge de ces mystérieuses potentialités.

Au bout de deux soirées, ne restait à régler que le sort d'un bibelot cinétique, un fil-de-fériste qui, à la moindre impulsion, oscillait pendant des heures au-dessus de deux blocs en faux marbre. Tous deux revendiquaient l'objet, qui leur rappelait les cousins qui le leur avaient offert, tous deux finirent par y renoncer généreusement, et c'est tout juste s'ils ne faisaient pas la grosse voix pour imposer leur refus au détriment de leur revendication.

Comme il s'agissait d'un deux-pièces, de jeunes vies, dont le maigre héritage était de ceux qui encombrent les maisons de vieilles commodes dépareillées, de piles de tableaux cachées derrière des canapés, et de tapis persans aussi authentiques que ceux d'Arraiolos fabriqués en Chine, on peut dire que le partage n'était pas très difficile. Certes, des esprits moins consciencieux n'auraient pas jugé utile de noter sur une feuille quadrillée les titres des disques, auteurs, interprètes, maisons d'édition et dates, ni d'agir pareillement avec les livres, qui se comptaient sur les doigts. Mais tous deux se plaisaient à montrer du zèle, faisant passer avant le brio professionnel le plaisir d'énumérer, qui n'excluait pas un aspect compétitif.

Il y avait huit jours qu'ils dormaient séparément, mais Bárbara n'avait pas accepté la coutume, consacrée par des générations bourgeoises, selon laquelle elle aurait couché dans la chambre et lui dans le salon. La discussion avait été véhémente, mais elle avait imposé qu'ils alternent, un jour oui, un jour non. Un couple pressé et moins minutieux aurait procédé de toute évidence différemment, mais il convient ici de rappeler un célèbre *incipit* concernant les ressemblances entre les familles heureuses et la singularité des familles malheureuses. Subjectivement, ils devaient se considérer raisonnablement malheureux, de sorte qu'il n'est pas indélicat de les ranger dans cette catégorie, plus rentable littérairement.

Après les derniers pots de fleurs, les boîtes de conserve et bocaux de saucisses allemandes de l'armoire aux provisions, tous deux s'assirent, leur bloc-notes à la main, contemplant non sans un certain malaise le dernier lot à partager. Dans un aquarium en acrylique, plutôt encrassé, à l'eau poisseuse de nourriture et vaguement oxygénée par un vieux moteur chuintant, s'étalait, noire et rugueuse, la grosse tortue aux origines prétendument exotiques et prix à l'avenant.

L'animal était présentement au repos, sur un caillou artistique, la tête somnolente à moitié rentrée, le regard fixé sur une petite tache d'humidité blanchâtre due aux émanations calcaires de l'excellente eau de Lisbonne. Contrairement à d'autres tortues domestiques répondant au nom de «Beca», «Zita» ou «Cunégonde», celle-ci n'avait jamais été baptisée. Elle n'était mentionnée que comme «la tortue», désignation qui lui convenait parfaitement car il n'y en avait pas d'autre à la maison, et jamais ses propriétaires n'eurent l'idée de l'appeler «Samy», et d'ainsi la rabaisser. Elle était alimentée régulièrement, et l'aquarium était entretenu comme il fallait, suffisamment, sans exagération.

Arnaldo et Bárbara se mirent soudain à parler en même temps, puis ils rirent, et se turent, à demi embarrassés.

— La pauvre, dit Bárbara. Elle a toujours été si gauche.

— Tu peux la garder, j'en veux pas.

— La tortue est un bien commun. On l'a achetée tous les deux.

— Et qui en a eu l'idée ?

La tortue ne prêta aucune attention à la controverse qui s'ensuivit et qui dictait son destin. Celle-ci fut cependant longue et parfaitement adaptée au contexte de la séparation, scintillant d'insinuations et d'imperceptibles perfidies, concentrant les sentiments négatifs et donnant lieu à des figures de style recherchées, dans les limites de ce qu'on considère une « discussion civilisée ». Pour moi et pour le lecteur, peu intéressés que nous sommes par une argumentation conventionnelle et parfaitement semblable à celle d'autres querelles domestiques, elle a le seul mérite de permettre une digression brève et transcendante.

Imaginez une mignonne tortue, noir de jais et jaune vif comme les bus de Lisbonne, au milieu de ses congénères, dans une ambiance détonante de lumières, fanfreluches et couleurs, en pleine veille de Noël, dans certain magasin d'animaux de l'Avenida de Roma, aux accents de l'*Adeste fideles* se déversant à chaque coin de rue. Un couple de jeunes mariés, encore tout primesautier, à la découverte d'un monde à deux, vibrant de couleurs vives, se persuada dans son exubérance que cette élégance pacifique et lustrée irait bien avec la décoration de son salon.

Ils n'étaient pas intéressés par des enfants tout de suite. Ils savaient l'attention qu'exigent un chien ou un chat, et les inévitables tributs qu'ils réclament sous forme de pantoufles et tissus de canapé voués à la destruction. Ils optèrent dans la joie pour cet animal familier qui non seulement respirait et bougeait, mais savait aussi jouer avec des pierres exotiques importées du Brésil empilées dans une corbeille en verre, et dont Bárbara devait d'ailleurs hériter dans le partage.

Voilà bien les sentiments humains, transitoires, arbitraires. On est petit, gracieux, fin, bien portant, et l'on a le monde à ses pieds, surtout celui des jeunes couples, pour lesquels l'avenir est une idée abstraite et méprisable. On grandit, on grossit, on s'oxyde, on se relâche, on ramollit et maintenant l'on est regardé de travers, avec impatience ou indifférence, parce que le passé devient un boulet.

C'est de ces désagréments métaphysiques que l'on a fait la littérature, et ce sont des rancœurs de ce genre qui donnent accès à la transcendance.

— J'en veux pas ! répéta Bárbara, serrant les dents avec irritation.

— Moi non plus ! répondit Arnaldo, se levant, le visage tout près de son nez à elle.

Aussitôt après, ils soupirèrent, relâchèrent les épaules et s'assirent à nouveau sur le canapé.

Aucun des deux ne revendiquait le pauvre animal. Ils l'avaient acheté, c'est sûr, ils en étaient responsables, jamais n'avaient manqué à la bestiole ses minuscules crevettes séchées, non plus qu'un furtif rayon de soleil, ou le changement de son eau. Sauf que, outre que c'était un animal au pouvoir de séduction discutable et qui prêtait peu le flanc aux empathies, il ne pouvait se sentir libre, réalisé, vu la taille qui était devenue la sienne, dans un aquarium aussi étroit. Et la vérité est que le malheur de nos animaux joue sur le nôtre et peut même entraîner de grandes contrariétés. Le vendeur (contre lequel aucune réclamation n'était possible car le magasin avait fait faillite, les contrôles fiscaux n'ayant rien arrangé), dans un accès d'antipathie à l'égard des produits les plus spectaculaires et les plus rentables, avait garanti que cette espèce de tortue, gentille et attachante, ne grandissait pas beaucoup. Et voilà ce qu'elle était devenue en quelques mois, un Léviathan domestique qui ne se mouvait que la nuit, claquant dans son aquarium comme un plat d'étain ballotté dans une cale vide en pleine tempête du golfe de Biscaye.

Ce double refus, pour des juristes, s'apparentait à ce qu'on appelle un « conflit négatif », digne d'un roi Salomon, et c'est une solution salomonique qui commença à leur venir à l'esprit. Puisque aucun des deux ne voulait la tortue, il fallait lui assurer un destin indépendant d'elle et de lui.

Ils commencèrent par passer en revue leurs amis, leurs proches, sans en exclure, un peu à la légère, les enfants mineurs des uns et des autres. S'y ajouta une liste, ce soir-là, qui n'épargnait, en désespoir de cause, ni les commerçants du quartier, ni les employées de maison. Il fut difficile d'y inscrire la mère d'Arnaldo, raturée puis réintroduite de nombreuses fois, dans un va-et-vient hésitant. Apparemment, c'est le premier recours auquel tous les enfants auraient pensé, impatients de résoudre un problème épineux comme celui posé par une tortue dont la survie gênait les consciences. Mais la mère d'Arnaldo avait son style particulier : elle n'était pas du genre à se laisser émouvoir par des problèmes filiaux.

Ce n'est donc pas cette nuit que le partage des biens du couple fut réglé. Ils étaient fatigués.

— Qui dort aujourd'hui sur le canapé ? demanda Bárbara.

— Fais pas de bruit quand tu iras au frigo, répondit Arnaldo.

Le jour suivant, au travail d'Arnaldo et de Bárbara, le bruit courut qu'ils allaient se séparer. L'un comme l'autre auraient pu jurer qu'ils n'avaient rien laissé filtrer de leur vie personnelle, d'ailleurs par accord tacite, mais la vérité est que, comme dans l'air de la calomnie, il y eut une *aureta*[1], un *venticello* qui porta la nouvelle à des esprits avides d'alléger un quotidien trop chargé de « déductions particulières » et d'« intérêts compensatoires ».

1. Les mots étrangers sont en italique dans le texte. (NDÉ)

Dans la boîte d'Arnaldo, les hommes se manifestèrent à demi-mot, avec de viriles et encourageantes bourrades ; les femmes formant de petits groupes, commentant de loin, et regardant l'intéressé avec d'autres yeux. Dans le magasin d'outillage où Bárbara travaillait, les hommes haussèrent les épaules et l'unique femme, Clarinda, dont on parlera plus avant, manifesta aussitôt une solidarité militante. Personne cependant ne proposa de défaire le nœud gordien qui liait ce couple sous la forme d'un paisible chélonidé, en éliminant ce dernier de la liste du partage, ce qui traduit bien l'impopularité des tortues chez les jeunes salariés. Tous les prétextes furent bons, et lamentablement alignés, pour ne pas héberger l'animal, depuis le manque de place jusqu'à la crainte de s'attacher et de souffrir en cas de malheur.

Cependant, au milieu des innombrables suggestions qui s'exprimèrent, les collègues s'ingéniant à se montrer utiles et bons camarades, surgirent deux propositions intéressantes, plus raisonnables que la donation à l'Église, soufflée par un franc-maçon aigri.

L'une était d'essayer de la vendre sur Internet, qui avait l'avantage de résoudre un problème tout en gagnant quelque argent ; l'autre, d'essayer de la placer, même gratuitement, dans le magasin d'animaux que chacun avait près de son lieu de travail. Arnaldo et Bárbara avaient fait leurs consultations sensiblement à la même heure, et obtenu les mêmes réponses : aucun ne voulait d'une tortue, pour mettre fin à leurs soucis il fallait la vendre. Mais les deux commerçants approchés révélèrent, non sans hésitations, le point de chute que les Lisboètes réservaient aux tortues désactivées : les lacs et pièces d'eau de Lisbonne, l'un d'eux penchant plus pour le jardin d'Estrela, et l'autre pour le parc Édouard VII.

Cette nuit-là, après qu'Arnaldo eut dîné dans son bistrot minable, et Bárbara avalé deux samoussas avec un jus d'orange au centre commercial, rempli d'une faune louche, tous deux tranchèrent, assis à la table ovale du salon, le sort de la tortue.

Le choix entre le jardin d'Estrela et le parc Édouard VII donna lieu à discussion. Ils finirent par dresser une liste presque exhaustive de tous les bassins, mares, trous d'eau de Lisbonne. Ils optèrent, ayant pesé le pour et le contre, pour le lac du Campo Grande contre le parc Édouard VII, en utilisant le processus approprié en cas de match nul : pile ou face.

Et, comme il était très tard, ils allèrent tous deux se coucher.

Le soir suivant, Arnaldo et Bárbara se rencontrèrent par hasard dans le même restaurant du centre commercial. Quand Arnaldo entra, Bárbara était déjà assise à une table et détourna le regard. Il esquissa une volte-face, mais resta sur un pied, fouillant dans ses poches comme quelqu'un qui a perdu ses clés. Un bref instant l'un comme l'autre se sentirent foudroyés par des sensations désagréables de ridicule et de malaise qui, par-dessus le marché, mettaient à mal l'esprit de *fair-play* que tous deux entendaient afficher, même si leur corps leur dictait autre chose.

Arnaldo prit sa décision, se dirigea vers la table de Bárbara et tira une chaise :

— Je peux ?

— Ah, tu étais là ? demanda Bárbara, sachant qu'Arnaldo avait remarqué qu'elle l'avait vu.

Étant donné qu'elle avait détourné le regard, elle estimait qu'un minimum de décence l'obligeait à continuer cette farce. Mais Arnaldo ne s'assit pas tout de suite. Un moment, l'idée que Bárbara puisse attendre quelqu'un le glaça, et Bárbara lut son embarras dans son regard, à la fois provocateur et suppliant.

Le dîner se passa si bien qu'aucun d'eux ne récrimina contre les infects calmars grillés que leur servit un Brésilien volubile, qui continuait à blaguer avec la serveuse au comptoir tout en leur collant leurs assiettes sous le nez. Ils parlèrent de tout sauf de leurs griefs réciproques, et auraient pu rester à bavarder beaucoup plus longtemps si l'addition n'avait pas fait surface sur la table, alors que la porte en verre était déjà à moitié fermée et que les Brésiliens empilaient les chaises pour le lendemain.

À la maison, leurs gestes ralentirent et leurs expressions se firent plus pénétrées. Il y avait un grand problème et, dans ce grand problème, un petit problème-satellite, qui prévalait et bloquait tout. La tortue, à laquelle ils n'avaient jamais accordé une tendresse suffisante pour au moins lui donner un nom, avait l'air de flotter dans l'eau comme une plaque de goudron compacte, grasse, grosse et laide.

— Qu'est-ce qu'on décide, alors ? demanda Arnaldo, cherchant parmi les feuilles éparpillées sur la table celle où ils avaient noté tous les lieux humides de Lisbonne.

— Lac du Campo Grande, répondit Bárbara, étonnée de cette perte de mémoire inattendue.

Et ils s'entre-regardèrent. Bárbara posa la télécommande qu'elle avait attrapée distraitement.

— Alors ? s'enquit-elle.

— Alors, quoi ?

— Tu t'imagines que c'est moi qui vais porter la bête ?

Cela donna lieu à une interminable discussion, au cours de laquelle affleurèrent des éléments subjacents – qui changeait l'eau, qui achetait les boîtes d'aliment séché, qui nourrissait l'animal. Arnaldo tenta vainement de transformer son handicap en victoire, argumentant que « comme c'est toi qui t'en occupes le plus, c'est à toi de la transporter ». Ils parlaient toujours de la bestiole au féminin, « elle », « elle ceci elle cela , elle comme ci elle comme ça », même si, par des indices que seuls les vétérinaires sont capables de déceler, ce chélonidé rond, inexpressif et pesant était, en fait, un mâle.

— Je me refuse à toucher cette bête de mes mains, martela finalement Arnaldo, croisant brusquement les bras comme pour défendre une ultime redoute, dont la garde organise courageusement la résistance, tout en sachant qu'elle ne tardera pas à succomber à la dernière charge.

— Pourquoi ?

— Microbes. Salmonelles. Cette bête grouille d'infections.

Bárbara acquiesça. Elle avait vu la même émission à la télé. Le problème c'est qu'il n'y avait pas de gants de caoutchouc à la maison. Il fallait attendre le lendemain.

— Mais tu m'aideras, hein ?

Arnaldo insistait. Il voulait à toute force que Bárbara partage l'abandon de la tortue, avec cette froideur avec laquelle les complices d'un assassinat exigent que tous portent un coup pour sceller une responsabilité commune. Elle ne répondit pas. Mais quand, fatigué, Arnaldo revint de la salle de bains en disant :

— On pourrait aujourd'hui faire lit commun et en finir avec cette comédie de l'alternance. On est des adultes, que diable.

Bárbara rétorqua :

— Moi oui. Toi non.

La mine boudeuse, elle ouvrit l'armoire et jeta deux draps et un oreiller sur le canapé.

— Mon chéri, franchement, j'aurais préféré que tu aies compris ça tout seul. On se prend d'affection pour les animaux, alors après, quand ils meurent…

Arnaldo avait posé la question timidement, après avoir hésité un bon moment et contemplé longuement les tableaux aux moulures dorées du salon, toujours soigneusement arrangé, dans un sage équilibre de lignes, couleurs et volumes. Il but une gorgée de l'horrible jus d'orange en poudre que sa mère lui avait apporté malgré ses protestations, et garda par-devers lui la remarque selon laquelle une plaque en métal argenté de la Police de New York, sur fond de velours bleu et ornant la commode en marqueterie, détonnait à côté du *Cygne de Léda*, d'*Orphée aux Enfers*, et des rameurs sur leur trirème, qui diffusaient une atmosphère arcadique ou nostalgique autour du piano laqué. Il avait envie de retourner à sa mère son observation, « j'aurais préféré que tu aies compris ça toute seule », mais il était absolument incapable, en sa présence, d'énoncer une phrase qui pût être tenue pour plutôt désagréable ou agressive. Dans des circonstances normales, il aurait gardé en mémoire la réaction de sa mère pour la rapporter à Bárbara, chez eux, afin que ce soit elle qui fasse les commentaires, lui-même ne se compromettant guère. Mais que pouvait bien faire Bárbara cet après-midi ? Il but une autre gorgée d'orangeade et fit la grimace.

— Désolée, mon chéri.

Arnaldo ne perçut pas clairement si ce regret concernait le rejet de la tortue, ou la lente, inexorable dégringolade de son mariage, qui touchait à sa fin, d'une façon qui ne plaît en général pas aux mères, surtout quand elles y voient un risque de perturbation pour leur tranquillité. De toute façon, elle ne savait pas grand-chose, car Arnaldo, qui avait une certaine propension à la litote, était resté vague (oui… on a connu des moments meilleurs, maman), et n'était pas entré dans les détails. Mais très vite sa mère laissa entendre distraitement, comme en passant, que la seconde raison qui avait conduit Arnaldo à cette visite inhabituelle cet après-midi-là, était une cause désespérée.

— Ta chambre de jeune homme a été transformée. Tu le sais bien.

Arnaldo s'était en effet aperçu que le mobilier de sa chambre avait disparu, et que trônaient à sa place un tapis de judo, une paire d'haltères, plusieurs cannes à pêche démontées et un volumineux vélo d'appartement. Sa mère, pour soulager sa conscience, ajoutait :

— Tous les couples ont leurs problèmes. Pourquoi ne vas-tu pas quelques jours à l'hôtel, mon chéri ?

— Je n'ai pas d'argent pour aller à l'hôtel, maman.

— Tu vois ? Tu n'as pas fait d'études… Je t'avais prévenu. À propos, où as-tu acheté cette cravate ? Aux Puces, celles de la Feira do Relógio ?

— Non, maman, à Savile Row…

Et sa mère lui passa distraitement la main dans les cheveux, repoussant sa mèche.

Là-dessus la serrure de la porte claqua énergiquement, et Arnaldo sursauta : c'était le flic. Il pensait que l'autre était de service à cette heure-là. Il se leva si vite qu'il fit tomber un petit cendrier en forme de rosace qui ornait le bras du canapé en velours, et donna un coup dans la table qui manqua, j'y va-t-y–j'y va-t-y pas, de causer une inondation de jus d'orange.

— Enfin, fais attention, mon chéri !

Arnaldo redoutait de rendre visite à sa mère parce qu'elle vivait avec un flic, nettement plus jeune qu'elle, qui le traitait avec arrogance et passait son temps à le contrarier. C'était de ces types irritants qui croient tout savoir et ont toujours un truc à ajouter, une correction à apporter. Par exemple, si quelqu'un disait, par hasard : « un de mes amis a fait escale au Bhoutan en venant de Taïwan sur un vol d'Aeroflot », il coupait aussitôt : « Aeroflot ne fait pas escale au Bhoutan, en plus, la route la plus appropriée est par Ryad, à moins, évidemment, que le pilote ne soit soûl, vu que là-bas on ne peut pas consommer d'alcool, c'est leur choix. Dans tous les régimes il y a des bonnes choses et des mauvaises. L'Arabie Saoudite, vous savez ça ? est le seul pays qui a un nom dérivé d'une famille. Il y a la paix sociale là-bas. Vous savez ce qu'on fait aux voleurs, en Arabie Saoudite ? Ah d'accord, mais dans ce cas, à part un chirurgien… La vérité, c'est que chez eux, un voleur récidive rarement… Quant à une seconde récidive, elle est totalement exclue. »

C'était un client assidu d'une encyclopédie virtuelle qu'au début du XXI^e^ siècle on nommait *Wikipédia*, très appréciée de flics avides de s'instruire et d'étudiants en panne la veille d'un examen. La mère d'Arnaldo était fascinée, appuyant rêveusement sa tête sur ses mains, quand il pérorait à propos des « réseaux sociaux », Twitter, Facebook, et faisait valoir à la cantonade les multiples aspects de sa riche personnalité.

Mais Arnaldo n'avait plus aucun moyen de s'échapper : s'encadrait dans la porte la masse énorme du brigadier-chef de police Gervásio das Neves Escarrapacha, arborant un costume Armani – imitation assez adroite – sur une chemise Springfield achetée en Thaïlande. Il se manifesta bruyamment, ravi de le trouver là.

— Alors, en pleine forme, petit ?

Arnaldo se rendit compte, à l'expression de sa mère, passant en un éclair de la joie au déplaisir, de la triste mine qu'il avait, avec son visage menu et son menton fin, ses épaules étroites, ses cheveux grêles et raides vaguement blonds, et ses yeux d'un mauve délavé toujours étonnés, en parfait contraste avec cet athlète jovial, boule de muscles et moulin à paroles. On considère en général que les mères ne jugent pas leurs fils sur les mêmes critères que leurs amants. Mais nous ne connaissons pas tous les fils ni toutes les mères. Il aurait mieux valu que cette mère-là quitte le registre d'une *speciosa* ou d'une *dolorosa* et soit l'image classique de la bienveillance maternelle. Pour la lectrice, car elle la reconnaîtrait avec plus de facilité, d'affinité ; pour l'auteur parce qu'il aurait moins de mal à caractériser son personnage ; et pour Arnaldo qui aurait échappé à ces humiliations.

Il partit précipitamment, balbutiant une excuse embarrassée à propos de parcmètre, totalement fausse car il était venu en métro, et croisa sur le palier un élève de piano de sa mère qui sortait de l'ascenseur, tête basse, traînant un sac informe. Et il éteignit son portable, il ne voulait pas entendre sa mère lui demander des explications au téléphone.

Déjà une fois elle lui avait susurré, en lui tapotant la main :

— Allez, avoue que tu n'aimes pas beaucoup Gervásio.

Timidement, Arnaldo avait répondu :

— Au contraire, maman. Il a une si belle santé mentale…

Dîner seul d'une escalope panée salade, tapas de pommes de terre et carottes râpées passées à la poêle, assis dans un bar sur un tabouret haut, face à un rebord en formica *bordeaux**[2] surmonté d'une glace qui reflète le comptoir et les gestes tristes d'autres mecs solitaires, apparemment livreurs, chauffeurs de taxi et petits artisans, et aussi le menu fretin de Lisbonne, qui s'enfourne un œuf dur ou un beignet farci au cochon de lait tout en parlant foot et en débitant âneries et banalités, ce n'est pas forcément désagréable. Souvent, le regard déambule, l'esprit vagabonde, dans des limbes où circulent impressions, souvenirs, images, emportés par un flux de conscience indolore qui peut être si plaisant que certains romanciers, et non des moindres, arrivent à en faire un sujet.

Mais la quiète solitude qui plaît à certaines âmes, de celles qui se comblent par elles-mêmes, ne plaît pas toujours aux autres, qui ont besoin d'être stimulées de l'extérieur parce qu'elles ne fabriquent pas d'énergie à partir de leur propre noyau.

C'était sans doute le cas d'Arnaldo Vargas qui, en payant l'addition, se sentit si triste et si malheureux qu'il acheta un billet de cinéma à un distributeur de pop-corn et de boissons gazeuses.

Dans la salle bleutée planait une odeur huileuse, de machins frits, et lors des rares silences où faiblissait le vacarme du son THX, très supérieur à ce

---

2. Les mots en français dans le texte sont suivis d'un astérisque. (NDÉ)

qu'une oreille humaine peut supporter, s'imposaient le crissement du maïs dans les gobelets en carton et le claquement bestial des mandibules. Il y eut de longues minutes hallucinées de pub, avec tourbillons de décibels en cascade à chaque changement de plan, tam-tams et concert de cliquetis et martèlements.

Pour quelqu'un qui venait de la paisible brasserie d'un centre commercial de quartier, et qui avait une façon d'être douce et patiente, cette frénésie commerciale visant à lui refiler des ordinateurs, des téléphones portables et des machines à café aurait dû lui donner l'impression qu'on le bombardait de coups de poing, coups de coude, coups de lattes dans les tibias, croche-pieds, en le secouant, le poussant, lui criant aux oreilles et lui tapant sur le système.

Mais Arnaldo, comme d'autres clients qui grignotaient leur pop-corn en faisant des taches de graisse sur leur chemise et sur les bras des fauteuils, n'avait pas un jugement critique très aiguisé et pensait que le cinéma, de nos jours, c'était comme ça.

Le film mêlait Brooklyn, un flic, des coups de feu, un pistolet, du sang, de l'eau qui coule à flots d'une bouche d'incendie, il y a un type qui court, l'ami du flic qui meurt, une poursuite en voiture et une bibliothécaire antipathique, le flic apprend qu'en fait elle est strip-teaseuse dans une boîte de nuit, qui appartenait au frère d'un mafieux qui marchait sur une route au Texas, et alors il y a une tourmente de feuilles sèches volant de partout, et un homme arrive du désert, paysages martiens pleins de cailloux, passe une jeep, deux coups de feu, encore du sang et un motel et un type qui sort un fusil de chasse de son étui, et la fenêtre qui vole en éclats, et…

Arnaldo sort maussade, sûr d'avoir déjà vu ce film et pensant que cela ne valait peut-être pas le coup de dépenser les huit euros du billet. Finalement à la télé c'est plus varié, et on peut toujours changer de chaîne quand ils abusent des pubs. Il avait encore dans l'oreille ce tintamarre : ratatata, boum, vziiiiiiiiiing, pan ! Et dans sa mémoire se confondaient les images des pubs, celles des *trailers*[3] de plusieurs thrillers (tous américains) et celles d'un film qu'il venait de voir, en une sorte de décharge où s'entassaient des ordures pêle-mêle, en couleurs, fermentées, exhalant une odeur grasse d'huile de friture.

Mais alors, Arnaldo seul à dîner, seul au cinéma, seul sur le chemin du retour – seul tout court ? Cependant, n'avait-il pas laissé entendre à Bárbara qu'il y avait une autre femme et qu'ils étaient arrivés à un moment de leur vie où trois personnes ça serait trop, à plus forte raison quatre ? Absolument, il avait lâché cette grande phrase et avait affiché à l'égard de Bárbara une froideur européenne et mondaine, faisant tout pour écarter les soupçons quant à l'existence d'une jalousie de sa part. L'homme est un animal tactique, il a dans le sang la capacité de dissimuler, même s'il est doux dans ses manières et d'esprit peu imaginatif.

Tout n'était que mensonge. Il n'y avait pas d'autre femme. Il aurait fallu fantasmer beaucoup pour nourrir le moindre intérêt érotique pour ses collègues de travail ou les vendeuses des Amoreiras[4] qu'il croisait au jour le jour. Mais qui pouvait bien être le type avec lequel Bárbara était en train de dîner et irait probablement au cinéma, et… ?

Dans la boutique d'armement, plongée dans le noir derrière son rideau de fer, on distinguait une arbalète sophistiquée au-dessus d'une rangée de

3. *Trailer* : bande-annonce. (NDT)
4. Centre commercial à Lisbonne. (NDT)

couteaux à débroussailler, l'un d'eux de la taille d'un instrument de dépeçage, protégeant une pacifique collection de filets de pêche. Pendu plus haut se détachait un haveneau, prêt à balayer et à emporter, semblait-il, tout cet arsenal mortifère.

« Voilà. Un haveneau, pensa Arnaldo, c'est l'idéal pour transporter la tortue. Mais chez l'armurier ça coûte les yeux de la tête… Demain je passerai chez le Chinois. Ils en ont peut-être… »

L'appartement était silencieux quand il arriva, dans une paix feutrée de château de la Belle au bois dormant, côté serviteurs. Il y avait des restes de nourriture dans la cuisine qu'Arnaldo, patiemment, jeta dans ce récipient à pédale que nous continuons, par inertie sémantique, à appeler « caisse ». Le couvercle se referma avec un clac métallique et il eut peur d'avoir réveillé Bárbara qui cette nuit-là dormait dans la chambre.

La tortue paraissait dormir, ramassée dans sa carapace, imposant sa présence obscure et noueuse au scintillement des eaux de l'aquarium. Arnaldo émit l'hypothèse de vider l'eau, emporter l'aquarium dans la rue et le laisser au pied de l'éco-point, mais il fut pris de pitié pour l'animal, peur du bruit, crainte d'être reconnu par un voisin et, surtout, paresse. En outre, il n'avait pas envie de porter une lourde charge et ne se voyait guère en train de se cogner contre les murs avec un engin en acrylique, finissant par projeter des éclats partout à grand bruit… Il aurait l'air fin !

— Tu as acheté les gants ? demanda Bárbara, d'une voix étonnamment claire à cette heure de la nuit et qui le fit sursauter, comme si une intimation de l'Au-delà avait émané des murs.

— J'ai eu une meilleure idée ! Je te dis ça plus tard. À demain.

En tout cas, il était clair qu'il ne devait pas évoquer l'histoire de la tortue en présence du brigadier Gervásio, et qu'il ne pouvait pas compter sur sa coopération pour se délivrer de l'animal. Comment savoir s'il n'y avait pas une liste de tortues interdites et si cet exemplaire n'avait pas été importé clandestinement d'un lointain plateau d'Amérique centrale, isolé du monde par des cataractes et des canyons, et regorgeant d'espèces uniques.

Il tarda à s'endormir. Le navet tonitruant, le flic chez sa mère, la situation, désagréable et morbide, la vague jalousie latente, qui vous lacérait l'âme comme la pointe d'un couteau et vous faisait mal même à votre insu, écartèrent de lui le sommeil plus longtemps qu'à l'accoutumée.

À bas les expédients qui permettent d'introduire une narration en profitant d'un endormissement. Point d'exclamation. Le lecteur est plus expérimenté que moi en la matière, et sait bien comme le moment de l'assoupissement est dangereux pour les personnages, parce que les auteurs en profitent pour les torturer à coups d'analepses. Il leur suffit parfois de les attraper dans un moment de distraction, en train de regarder quelque objet. Comme un de ces gâteaux qu'on appelle madeleine, par exemple.

Abusant ou pas de cet artifice, j'estime qu'il faut en dire plus long sur la mère d'Arnaldo, plus intéressante que le lointain géniteur du garçon, qui se contentait d'un coup de fil annuel, somnolent, ou d'une carte postale de Ljubljana ou de Pasadena, selon ses voyages, montrant des images des musées locaux. Deuxième secrétaire de l'ambassade de Stockolm, il s'y était remarié avec une riche Suédoise. Un Noël, il avait envoyé sa photo : un type tristounet, à lunettes, en anorak, à côté d'une maison en bois, dans une espèce de pinède. Arnaldo l'avait montrée à Bárbara, qui avait commenté « je pensais que la Suède c'était plus joli », et le garçon l'avait rangée dans son portefeuille à côté des cartes de visite et d'autres papiers inutiles.

Sa mère avait divorcé par procuration et avait gardé l'appartement de l'Avenida de Roma et la maison de la lagune, Lagoa Moura. Son père ne voulait rien. Seulement qu'on lui fiche la paix. Et il eut la paix. Non sans que sa mère le rende entièrement responsable auprès de ses amies des modestes résultats scolaires d'Arnaldo.

Elle était professeur de musique, donnait des leçons de piano, avait un peu de fortune personnelle et vivait dans une confortable aisance. Elle n'aimait pas Bárbara, plutôt pour correspondre à un rôle social, et au stéréotype qu'il impliquait, que par véritable antipathie, car elle avait difficilement des sentiments suffisamment arrêtés pour les conserver plus d'un jour ou deux. Elle traitait Arnaldo avec tendresse, lui passait la main sur le visage, l'appelait affectueusement « mon chéri », « mon grand fils », mais, au vrai, ne voulait rien savoir de lui. Et elle le prenait comme exemple, qu'elle prodiguait à qui voulait l'entendre, de ces jeunes bourgeois des nouvelles générations qui sont moins qualifiés que leurs parents. D'ailleurs Arnaldo servait de vivant (et déprimant) paradigme en de nombreuses circonstances.

Et puis un jour vint le flic, à la suite d'un de ces incidents courants au Portugal et qui font que certains d'entre nous, saisis d'irritation à l'égard du pays, souhaitent désespérément aller vivre au fin fond du Missouri, au plus profond d'Aberdeen, au cœur de Chisinau.

Il y eut une tempête, un ouragan en furie se déchaîna du côté de Grodemil, rida et souleva les eaux de Lagoa Moura, fouetta la forêt et força un grand pin à casser sa pipe sur le toit de la vieille-maison-de-vacances-et-de-changement-d'emmerdements.

N'existait pas encore à cette époque la norme légale qui oblige les propriétaires à éliminer la végétation sur cinquante mètres autour des habitations, ce qui va nécessairement entraîner la complète désertification du pays au nord du Guadiana.

La vérité est que notre législateur est abstrait, et général, si abstrait et si général qu'il ne s'intéresse pas à ce que peut signifier dix mètres, dix-sept mètres, à plus forte raison cinquante. Il doit considérer déshonorant de se donner le mal d'acheter un de ces mètres pliants qu'on trouve en magasin et qui servent à mesurer les distances sur un terrain. Après cette opération simple, serait-il excessif de lui suggérer de jeter un coup d'œil circulaire afin de se rendre compte des résultats d'une déforestation ?

Cette répugnance chatouilleuse du législateur vis-à-vis des chiffres n'est pas chose nouvelle. En 1974 on a estimé que le droit de manifester pouvait être interdit à moins de cent mètres de certains édifices, ce qui aurait rendu pratiquement impossibles les protestations collectives dans n'importe quelle municipalité, à commencer par Lisbonne. On comprend que pour des hommes publics, fatigués après des nuits d'insomnie au cours desquelles l'un proposait quatre mètres, l'autre aucun, et un troisième quatre cents, on soit arrivé à une solution faisant la moyenne des propositions avancées autour de la table. Il s'agissait de faire une démonstration de force, tu gagnes ou tu perds, sans savoir exactement quoi. S'il avait été question d'escouades de surmulots, de réserves d'Indiens, ou d'îles de corail, on aurait aussi discuté des chiffres jusqu'à une heure indue pour enfin voter une solution satisfaisante.

Mais c'était un temps où la dix millionième partie du quart du méridien terrestre n'avait aucune importance, parce que le symbolique dépassait les dimensions réelles des existences et les réduisait au néant. La droite avait une terreur hallucinée des manifestations de rue, pressentait des guillotines, *tachankas* et convois blindés, mais son objectif, qui n'était pas à proprement parler l'interdiction complète du droit de manifestation dans les villes, dépassa de loin les expectatives. J'imagine un de ces gouvernants rentrant chez lui et disant à son majordome (présenté en public comme « un cousin de province, le pauvre, qui vit avec nous ») : « Andrade, servez-moi un vieux whisky avec de l'eau gazeuse, je veux célébrer quelque chose. » Et à sa femme, accourant en robe de chambre : « Imaginez-vous, Maria de Santa Clara, que nous avons réussi à réglementer le droit de manifestation, comme dans le monde civilisé. J'attends vos félicitations. » Puis, « Dites-moi, c'est quoi, exactement, un mètre ? »

Mais ces époques échevelées ont pris fin, et un ministre ne verrait pas d'inconvénient à se procurer un rouleau de fil métallique (c'est pour ça qu'il y a des grouillots), et à le dérouler dans le jardin du palais de São Bento[5], depuis le haut des marches jusqu'au premier mur d'enceinte. En utilisant ensuite le mètre pliant pour mesurer le fil, segment par segment, il découvrirait, après avoir jeté un regard circonstancié

5. Chambre des députés portugaise, sise à Lisbonne. (NDT)

autour de lui : « Bon sang, c'est tout plat, et on n'est même pas arrivés jusqu'au mur. »

Voilà une des désastreuses conséquences de l'éducation qui est dispensée dans l'Europe d'aujourd'hui. Un mètre, un empan, quatre centimètres, tout ça c'est la même chose, comme le pensait ce célèbre domestique d'Eça de Queiroz[6], Vitorino, pour lequel revenaient au même un livre de chimie ou une pièce de théâtre, « parce que c'était tout des trucs écrits ».

Pour en revenir à la mère d'Arnaldo, et au pin écroulé : travaux en vue, argent jeté par les fenêtres et complications. Habituée à une vie confortablement prévisible, la dame procéda comme n'importe quel citoyen moyen d'un certain âge, doué de rationalité, aux mœurs urbaines, et peu habitué à Internet : elle consulta les pages jaunes, chercha à « Bâtiment (constructions) » et téléphona à plusieurs entreprises. Les réponses furent les suivantes : « Le responsable n'est pas là », « Ah mais il faut présenter votre problème par écrit », « Monsieur Mendes ne peut pas vous répondre pour le moment », « C'est tant pour le déplacement, v's êtes au courant ? Et autant pour le devis ». Dans deux cas, on lui fit écouter de la musique, une fois de monsieur Toy Boy, l'autre de monsieur Vivaldi (c'était une entreprise de plus grand standing), après une réponse euphorisante, sur fond de mélodie sirupeuse : « Bojouour, je m'appelle Sandra. »

Elle finit par avoir recours à un expédient terriblement portugais, celui de faire appel à une amie qui connût une entreprise de couverture capable de se charger d'un travail aussi bizarre et

6. Eça de Queiroz (1845-1900), grand écrivain réaliste portugais, largement traduit en France. (NDT)

étranger à sa raison sociale que la réparation d'un toit éventré par une grosse branche. La solution lui fut glissée sous la forme d'un numéro de portable écrit sur une serviette en papier pliée en quatre. C'était un entrepreneur «de confiance», qui avait même une filiale près de Grodemil, à quinze minutes de Lagoa Moura, et qui avait déjà effectué des travaux pour des proches d'amis de gens qu'on connaissait, par le biais d'un complexe réseau de recommandations et de références dont il était difficile de démêler les tenants et aboutissants.

Un type beau parleur fit le déplacement à Lagoa Moura, observa l'arbre, lui donna de savants petits coups de stylo-bille, mesura ici, puis là, parla d'abondance, évoqua copieusement matériaux, marques, dimensions, estima que tout cela était difficile et compliqué, griffonna des notes expertes sur un grand bloc. Il prit rendez-vous à l'appartement de l'Avenida de Roma le lundi suivant à neuf heures («je préférerais à dix», «d'accord, à dix») du matin. Il ne donna plus jamais de ses nouvelles, ni lui, ni personne de son entreprise, et tous les coups de fil de la mère d'Arnaldo s'éternisaient au rythme de plus en plus exaspérant du *Boléro* de Ravel.

Si la dame en question n'avait pas été une paisible professeur de piano, titulaire d'un compte bancaire bien approvisionné et d'une retraite substantielle, habituée à une routine bourgeoise toujours dans les meilleurs endroits de l'Avenida de Roma ou de Guerra Junqueiro (artères auxquelles l'auteur fait toujours référence avec ferveur et aménité), avec des amies aisées qui ne s'adressaient aux subalternes qu'après avoir dit «Vous, là !», et les traitaient avec une familiarité déplacée, elle aurait été au courant des insupportables contingences qui désespèrent et enragent toute personne qui au Portugal essaie de résoudre un problème pratique. Elle n'aurait été ni étonnée ni offensée par l'exotique notion de compétence et promptitude professionnelles affichée par tous ces gens qui offrent leurs services en prétendant être des spécialistes de la construction. Elle connaissait peu de choses de l'univers des maîtres d'œuvre, et la révélation de certaines subtilités de la langue portugaise l'aurait laissée très perplexe. « Dix heures du matin » signifie « midi », « demain » signifie « la semaine prochaine », et « la semaine prochaine » « jamais », « bien entendu » veut dire « non », « je vous garantis » « jamais », « je m'engage » « compte là-dessus », « parole d'honneur » « cause toujours tu m'intéresses ».

Bien que plus versée en doubles dièses qu'en droit romain, quelque atavisme ancestral difficile à expliquer la persuadait que les accords doivent être respectés, et elle prenait mal – à la stupéfaction de ses concitoyens – que l'on manquât à la parole donnée.

Et la voilà en route vers le Largo da Graça, dans sa vieille Mercedes qui dormait habituellement au garage, dans l'intention d'obtenir qu'on lui explique personnellement pour quel motif un individu qui avait garanti qu'il se présenterait chez elle sans faute à dix heures du matin, n'avait, purement et simplement, jamais plus donné signe de vie.

Elle fit une scène d'anthologie, mit tout l'immeuble à feu et à sang, y compris un agent de transit et une notaire qui n'avaient rien à voir avec la question. En sortant de là, après qu'on lui eut juré sur l'honneur que le lendemain à deux heures de l'après-midi une fourgonnette de l'entreprise s'arrêterait devant sa porte pour l'emmener à Grodemil et établir son devis, elle eut une surprise irritante, qui crispa son visage où s'affichait (à tort) la satisfaction.

De l'autre côté de la rue, un agent de police était absorbé par la rédaction d'une contravention à son endroit, griffonnant visiblement avec délices sur son carnet à souche. Elle le regardait encore, stupéfaite, quand l'homme détacha la feuille à l'endroit du pointillé et l'appliqua sur le pare-brise.

— Comment osez-vous ? Vous, là, vous m'avez mis une contravention !

— Je n'ai pas mis une contravention. J'ai passé un acte !

— De quel droit ?

L'homme fit ressortir son insigne, d'une chiquenaude de l'index, et fut clair, et sardonique :

— République portugaise !

— Et pourquoi suis-je la seule à avoir une contravention alors qu'il y a toute cette file sous le panneau ? Je compte moins que les autres ?

— Critères de la police, répondit l'agent.

Et il s'éloigna.

Ça donne de très mauvais résultats quand on provoque quelqu'un qui, à la suite d'un épouvantable esclandre ayant déchaîné tous les cyclones et allumé tous les feux, a fini, après un pied à pied ardu, par accepter de faire la paix sur le mode courtois. Toutes les fureurs réprimées reprennent le dessus, avec une force renouvelée et redoublée, et il n'y a plus d'apaisement possible. Pour aggraver les choses, avant de monter dans la voiture de patrouille qui le ramenait, l'agent grommela, prenant congé inélégamment :

— T'es pas mieux que les autres. Tricheuse !

Cela déclencha des foudres, mais ce n'est pas le véhicule de la police qui en fit les frais, car il s'éloigna à vive allure.

L'agent avait oublié qu'il avait sur la poitrine une plaque – au guichet habituellement ils la cachent –, avec, bien visible, son nom, qui était rare, et typiquement de l'Alentejo, facile à retenir et faisant jeu de mots : G. Escarrapacha, G. M'as-tu vu.

Deux mois plus tard, la mère d'Arnaldo avait oublié l'incident et la plainte qu'elle avait déposée au commissariat, lorsqu'elle reçut une lettre du Haut Commandement de la Direction de la Sécurité publique de Lisbonne. Tout citoyen, même le plus insouciant, s'inquiète de recevoir une enveloppe à l'en-tête de la Police, des Tribunaux ou des Finances. Généralement cela annonce des ennuis à n'en plus finir. Mais cette fois-là, une prose fluide et dépouillée lui annonçait officiellement que « suite à la plainte déposée », et la procédure idoine ayant suivi son cours, le brigadier-chef Gervásio Neves Escarrapacha avait été suspendu pour un mois avec suppression de ses émoluments.

— Mais je ne voulais pas une chose pareille ! Pauvre homme.

Et de téléphoner à la police et d'attendre entre chaque interlocuteur, qui tantôt lui recommandait d'utiliser « les voies compétentes », tantôt lui demandait de patienter un instant, avec musique de Chopin, ou bien transférait son appel à une standardiste qui scandait d'une voix printanière, aussi joyeuse que si c'était le premier qu'elle entendait de la matinée : « Direction de la Sécurité publique, Vaneeessa Soaaares à l'appareil, je v's écououte. »

Il arrive souvent, chez des natures spontanément mesurées et éduquées sur la base de la sérénité et du *self-control*, que les crises de fureur soient dévastatrices, inouïes, insufflant une énergie imparable à des âmes jusque-là installées dans la placidité. Personne n'aurait pu deviner que pour la seconde fois en deux mois cette dame tranquille et vaguement distraite ferait irruption dans son garage, revendiquerait en hurlant l'usage de sa Mercedes, et démarrerait en deux minutes dans un tourbillon de fumée. Quant à son parcours, on ne l'évoquera pas, mais disons qu'on n'avait pas souvenir à Lisbonne d'un trajet aussi mouvementé depuis le jour où la police judiciaire avait poursuivi le gang de Boris Borovitch[7] dans l'Avenida Almirante Reis.

— La police ne peut plus rien faire, Madame. L'accusé n'a pas discuté et la décision a été prise au tribunal.

— Mais je ne voulais pas que l'on fasse du tort à cet homme. Je voulais juste qu'on le rappelle à l'ordre.

Imperturbable, le commissaire redressa le buste derrière son bureau de style hollandais chargé, « tors et torsadé », comme disent ingénieusement nos vendeurs d'antiquités, et proféra :

— Madame, *dura lex, sed lex*.

Il comptait ainsi s'en débarrasser, mais n'y parvint pas tout de suite.

— J'exige que l'on me donne au moins l'adresse de cet agent. Ça ne peut pas en rester là. Alors on porte plainte, et aussitôt il y a des suites ?

— Je suis désolé, madame, mais la police n'a pas à céder à des exigences, ni à donner l'information que vous demandez.

À l'époque, pas forcément regrettée, où le commun de la population parlait un portugais riche et varié qui reflétait non seulement une tradition

---

7. Personnage qui apparaît dans la chanson d'Henri Salvador *Da da, niet niet niet.* (NDT)

ancestrale, mais aussi une multiplicité d'origines géographiques, on aurait dit que « s'ensuivirent diverses passes d'armes ». Aujourd'hui que l'on se sert pour établir le niveau de langue de la richesse lexicale d'un certain Tarzan, roi des singes et de la jungle, qui d'ailleurs s'exprimait en anglais, il suffit de dire que le commissaire et la mère d'Arnaldo y z'ont encore causé un bout de temps.

La mère d'Arnaldo allait-elle sortir vaincue de ce mauvais pas ? Comment retrouver l'agent de police si sévèrement mais justement condamné ? Comment dire à cet homme qu'elle n'avait pas voulu une telle condamnation ? Comment se délivrer du sentiment de culpabilité qui lui broyait le cœur, lui brouillait l'esprit ? Tels étaient les doutes cruels et lancinants qui la torturaient.

Attristée par les désordres du monde, grandement amplifiés par des travaux dans la rue où elle marchait tête basse, en tournant le coin elle se trouva soudain nez à nez avec une petite excavatrice, énergique et combative, qui creusait une fosse juste à côté.

C'est alors que je pose la question : vous n'avez jamais vu surgir un dieu d'une machine ? Parfois ça arrive. Pourquoi Pierre Bézoukhov s'est-il converti à la franc-maçonnerie ? Parce qu'il a passé la nuit dans la même auberge que le vieux Joseph Alexéïevitch Bazdéiev, qui l'a convaincu. Pourquoi Hélène Bézoukhova est-elle morte ? Parce qu'elle est morte, voilà, en deux lignes, dans l'avant-dernier volume, et son sort a été réglé. Dans la fiction ce n'est pas comme dans la vie, et dans la vie ce n'est pas comme dans un plan de bataille, « *die erste Kolonne marschiert…* » : rappelons-nous toujours le prince Tolstoï, vénérable maître.

L'expression *deus ex machina* n'est pas là pour donner à voir un dieu à proprement parler, essayant de se tenir droit avec une certaine dignité, bien que suspendu à un crochet comme dans le mémorable théâtre grec. Ce peut être un simple envoyé de Dieu, un jeune homme avenant qui arrive en hélicoptère comme dans *Maudite Aphrodite*, ou un type édenté, avec un gilet en grosse toile, qui descend d'une excavatrice jaune, à chenilles, Caterpillar, que nos concitoyens appellent Cater et Pilar.

— Eh ! M'dame ! Ouais, vous !

La voix surgit, aiguë, irritante, avec un accent lisboète grasseyant, rendue plus nette encore par l'allégement et la clarification de l'air, l'excavatrice ayant cessé de pétarader subitement, le moteur coupé.

— C'est moi qu'j'aye tout vu ! J'l'ai dit à l'inspecteur. Le keum il arrêtait pas de m'prendre la tête, rapport à la bécane, alors quand j'l'ai vu mettre la contredanse j'ai tout de suite pensé : « attends voir que je vais te faire ch... j'veux dire te faire ta fête ! » Et au poste, j'ai raconté que le keum, en pleine rue, vous avait dit « tire-toi, vieille pute, sinon je t'essplose la calebasse à coups de matraque ». Et lui : « C'est un mensonge », et moi : « C'est sa parole contre la mienne, p'tain » et le chef a pris note d' la circonstance et m'a dit de partir.

— Mais comment avez-vous été capable de faire une chose pareille ? demanda la mère d'Arnaldo, atterrée.

— Faut s'aider les uns les autres, pas vrai ? Le keum il y a gagné, le v'là en vacances, tout requinqué, en train de pêcher sur la berge du Cais de Sodré, j'l'aye encore vu aujourd'hui. Et c'est des ombles, et des truites, et des mulets, bon sang, et moi ici, à manier la Cater et Pilar, que j'en ai mal aux oreilles, dis donc !

L'homme restait là, planté au milieu de la rue, à côté de deux Ukrainiens qui le regardaient d'un air approbateur, et la mère d'Arnaldo aurait pu jurer qu'il avait avancé la main.

— Disparaissez de ma vue !

Et elle se jeta sur lui avec rage. Elle ne le frappa pas, mais le surprit énormément. Avant que la machine ne reprenne son infernal tintamarre, elle eut le temps de l'entendre dire :

— Eh ben, aujourd'hui c'est pas jour de chance !

Le flic était en effet en train de pêcher dans le fleuve et ne reconnut pas tout de suite la mère d'Arnaldo quand elle l'aborda, non sans s'être arrêtée auprès de divers pêcheurs pour vérifier qu'il ne s'agissait pas de l'homme qu'elle cherchait.

— Je donne pas aux mendiants ni aux bonnes causes, grommela-t-il sans même lever les yeux sur la dame.

Alors elle :

— Je vous demande sincèrement de ne pas m'en vouloir.

Ce fut là le début d'une relation si facile pour le lecteur à reconstituer par expérience qu'il exempte l'auteur de la raconter en détail, bien qu'il ne le dispense pas de formuler l'interrogation suivante : comment une personne aussi assoiffée de justice pouvait-elle être aussi indifférente à la destinée d'une pauvre tortue, et se montrer aussi sévère à l'égard du tassement de statut social de son propre fils, marié à cette bru qui dans le fond n'était pas mauvaise fille ?

Voilà bien les paradoxes de l'existence, que n'explique pas entièrement le fait que nous soyons plus exigeants avec nos proches qu'avec autrui. Le discernement du lecteur, son ample expérience de la vie lui auront donné à connaître de nombreux cas où tout le monde se pose la question : « Comment est-ce possible, alors qu'il aime tellement les chiens ? », ou « Comment est-ce possible, alors qu'il a toujours cinquante centimes sur lui pour les mendiants dans le métro ? », « Comment est-ce possible, alors qu'il est toujours prêt à changer le pneu d'un inconnu ? » C'est possible, oui, et presque nécessaire. Pour que nous soyons autrement, et libres de paradoxes, il faudrait passer à une nouvelle phase de développement de l'humanité, et on n'a plus le temps.

— Et le flic, il ne voudra vraiment pas de la tortue ? Au commissariat, elle ne gênerait nullement... Elle pourrait même être utile. C'est toujours une distraction.

Arnaldo était devant l'ordinateur, s'informant sur les T-0 à louer. Tout hors de prix. Il passa aux annonces de chambres de bonne. Mais Bárbara, qui avait posé la question uniquement parce qu'elle trouvait morne et vide l'atmosphère du salon, insistait, profitant de la pause pub du feuilleton télévisé : « Hein ? » Cela donna un prétexte à Arnaldo pour arrêter ses recherches avant de prendre des décisions irréversibles qu'au fond de lui-même il ne souhaitait pas. Bárbara savait parfaitement que jamais il ne parlerait au flic du problème de la tortue, pour plusieurs raisons : premièrement, parce qu'il ne l'aimait pas ; deuxièmement, parce qu'il en avait peur ; et troisièmement parce qu'il y avait entre eux l'histoire du fauteuil à bascule et qu'il évitait autant que possible d'être à portée de l'individu.

On racontera en temps opportun la scène du fauteuil à bascule qui avait appartenu déjà au grand-père maternel d'Arnaldo. Pour l'instant, il suffit de dire qu'Arnaldo se retourna, l'air irrité, enleva et remit ses lunettes, et observa :

— Tu me vois en train de parler au flic ? Pourquoi tu lui parles pas, toi ?

— C'est ta mère…

— Il serait capable de m'arrêter. Tu es sûre que cette tortue n'appartient pas à une espèce protégée ? Qu'elle n'est pas déjà sur une liste, là au poste ? Moi je tiens pas à être arrêté à cause d'une tortue.

— Personne n'arrête personne pour une question de tortues.

— Ouais mais ils avertissent, enquiquinent, collent des contraventions… Et le mec est sadique. Il adore mettre des contredanses.

Ils avaient tous deux dîné à la maison, des plats tout préparés, achetés au supermarché où c'était moins cher. Chacun pensait que l'autre allait dîner dehors et avait eu la même idée. Mais Arnaldo finit par manger à la table commune après un échange moucheté où chacun rivalisait de courtoisie pour donner la priorité à l'autre, Arnaldo ayant cédé comme d'habitude, parce qu'il perdait plus vite patience. Bárbara avait pris une douche et s'était enroulé une serviette autour de la tête, très cinématographique, ce qui lui donnait un charme indéniable. Elle repoussa la barquette en alu de la morue à la paysanne, mit dedans une canette vide de Pepsi préalablement cabossée, et demanda :

— Alors ?

« Mauvais, ça », pensa Arnaldo, méfiant mais déterminé. Il détestait les volte-face qu'il appelait métaphoriquement les « changements d'aiguillage ». Il se prépara à tout, mais ce qui vint n'était rien. Bárbara était simplement d'humeur à poser plein de questions :

— C'était quoi, ton idée, pour la tortue ?

— Un haveneau !

— Et comment tu mets un haveneau dans l'aquarium ?

— Un petit haveneau, évidemment !

— Et comment tu arrives à manier le haveneau sans faire tomber la bête, toi qui n'as d'adresse pour rien ?

— Et c'est qui qui a réparé la fermeture de ton collier avec le coupe-ongles ?

— Et c'est qui qui a cassé le coupe-ongles qui ne venait pas du Chinois et que j'avais acheté chez Sephora ?

— Et c'est qui qui t'a dit d'aller chez Sephora acheter un coupe-ongles ?

— Je suis pas allée là spécialement pour acheter le coupe-ongles.

— C'est ça, bien sûr…

De cet acabit (heureux mot d'origine inconnue, de moins en moins employé et dont le sens est dans tous les dictionnaires, belle expression si rebattue à l'époque des pleins et des déliés, que tous les écrivains, sauf un, hésiteraient à s'en servir aujourd'hui), de cet acabit, disais-je (répétition, figure de style également récupérée de l'arsenal littéraire et qui a pour but d'éviter que l'attention du lecteur se distraie, et qu'il commence à penser à autre chose, à nib en général), disais-je (quoique mon devoir soit d'attirer l'attention sur ce magnifique « nib », qui n'est pas d'origine japonaise, mais dont l'étymologie doit pouvoir se trouver), et, comme j'ai oublié la suite de ma phrase, je vais la reprendre, depuis le début avec votre permission.

De cet acabit, donc (remarquez que j'ai introduit un « donc », afin de signaler que l'auteur a délibérément utilisé la répétition et pense savoir ce qu'il fait), de cet acabit, donc, disais-je, était la dispute qui empoisonnait la vie de ce jeune couple, et à laquelle il faut bien reconnaître un caractère encore très infantile. À pas d'heure, ils ne se rappelaient même plus l'origine de la discussion, exactement comme les auteurs prolixes ne se souviennent plus du début de leurs paragraphes. Tombait une phrase uniquement pour embêter l'autre, arrivaient en représailles la réplique, triplique, quadruplique, larmes, bouderies et mauvaise volonté, et après, il était difficile de trouver une issue. Cela arrive, bien sûr, dans tous les couples, mais comme ils étaient très jeunes et inexpérimentés, l'échange était encore plus épineux et dépourvu de rationalité.

Il ne vaut pas la peine d'accompagner le reste de la discussion entre Bárbara et Arnaldo, il suffira de souligner que le dilemme entre haveneau et gants de chirurgie ne fut pas tranché cette nuit-là. Pour en revenir à ce qui intéresse : était-il vrai que Bárbara avait quelqu'un d'autre ? Si je raconte rapidement ce qui s'était passé, le lecteur pourra en juger.

Dans un obscur box cloisonné par une vitre en verre martelé, au fond d'un magasin d'outillage situé dans le grisâtre quartier de São Paulo, il y avait des jours où Bárbara s'ennuyait vraiment devant l'écran de son vieil ordinateur Olivetti. Les magasins d'outillage reçoivent habituellement une pratique précise et minutieuse, avide d'explications circonspectes, appréciant tout détail concernant dimension, composition, robustesse, couleur et consistance. Ce souci du détail fait le désespoir du client occasionnel qui vient s'acheter une vis ou une charnière pour son armoire. Le long du comptoir sans fin, dans une ambiance tristounette et sombre, les spécialistes s'agglomèrent, vêtus de combinaisons tachées d'huile ou de vieilles blouses maculées de peintures sèches, et tiennent de longs conciliabules, à voix basse, lugubre, énumérant méticuleusement nombre, marque, mesures : « Non, allez me chercher, en fait, une *Volgen*, non, une *Grüdber* de 14, à 3 pouces » ; « Nan, comme ça vous y arriverez pas » ; « Bon, alors, une de 11 et demi, pour recevoir le curseur de 300 » ; « Ah là d'accord, je dis plus rien. Mais je crois que j'ai seulement du 15, je vais voir… » Et le malheureux pékin de poireauter, accablé par tant de science, gêné de n'avoir à demander que cette stupidité de charnière, ou de vis pour la laisse du chien, et regardant effrayé et plein de respect ce comptoir couvert de petites pièces, choses noires tordues, bidules en laiton, prises, fils électriques, anneaux, bric-à-brac, chacun avec son nom, sa marque, taille, couleur et usage, prêts à défiler devant tout client concentré et savant.

Et que faisait Bárbara, si délicate avec ses gestes enfantins, dans ces obscures catacombes, lourdes du poids des ans, de savoirs, d'épaisseurs de l'âme, de sourcils froncés, comme dans les mélancoliques profondeurs de la cave d'un alchimiste ? La réponse est simple : comptabilité et affaires courantes.

Derrière sa vitre dépolie, montée sur des fers forgés en ramages dont personne n'avait remarqué que c'était de l'Art nouveau, parce que dans ce genre d'ambiance on ne fait pas attention à ces choses-là et que les angles d'appréciation sont autres, Bárbara pianotait sur son clavier, remplissant soigneusement sa feuille de calcul. Dans les intervalles où elle n'alignait pas des chiffres, tantôt elle jouait à Spider, tantôt elle additionnait des points sur My Farm. Mais surtout, elle communiquait constamment avec Clarinda, qui était responsable d'un autre ordinateur, utilisé pour lettres, e-mails, prospection et facturation, mais aussi pour YouTube, Spaceroom, Facebook, Twitter et Myspace.

L'important était que cela échappe à monsieur Ferragial, patron massif, finaud et anachronique qui conservait encore, comme nombre de magistrats et de prêtres, la prononciation chuintée des Beiras, trompeusement reposante, mais qui peut se révéler démoniaque dès lors qu'on élève la voix. Il était installé devant un bureau en acajou qui dominait tout le local, se curant le nez avec un fil de fer pointu au bout duquel il piquait les factures, métaphore féroce de son pouvoir. Les fois où il était là, il avait l'habitude de méditer, regardant mollement au plafond. Mais parfois, sans aucune raison apparente, il commençait à fixer les deux femmes d'un regard qui exprimait une certaine sinistrude.

À ce moment-là les doigts couraient sur les claviers et les visages exprimaient une telle concentration, éclairés par la lumière des écrans, qu'on les aurait dits enveloppés d'un halo de sainteté, comme dans ces extases des tableaux baroques où de sereins personnages contemplent, enivrés, le Très-Haut.

Mais le patron n'avait guère la patience de rester longtemps à son bureau. Il s'ennuyait, commençait à dodeliner de la tête, finissait par aller servir au comptoir ou bavarder avec Ferraz, le gars de la pharmacie, ou commenter scandalisé le *Correio da Manhã* (« Cha faut le voir pour le croire, ch'est une bande de chalopards... ») à l'adresse des tables en formica du café en face, dirigé par une veuve morose qui passait son temps à rouspéter parce qu'il ne dépensait rien chez elle, et apportait même sa gamelle au magasin.

Les relations entre Bárbara et Clarinda n'étaient pas toujours pacifiques et coopératives. Leurs conversations, de chaleureuses pouvaient passer à glaciales. Parfois elles ne déjeunaient même pas ensemble dans les nombreux et appétissants bistrots du quartier. Dans des périodes un peu aigres, elles prenaient même leurs distances en y allant avec d'autres salariés de la maison : monsieur Mendes, qui ne parlait que de pigeons voyageurs, monsieur Lopes, qui était spécialiste des maladies aux incidences situées au-dessous de la ceinture, et monsieur Sá, qui n'était spécialiste de rien et qui consultait depuis des années les petites annonces pour changer d'emploi.

À une époque apparaissait de temps à autre le relativement jeune Coriolano, le fils du patron, qui donnait un rapide baiser à son père, rétribué d'un grognement sardonique, lourd d'ironie (« Déjà levé ? » – même s'il était cinq heures de l'après-midi), et allait ensuite bavarder au comptoir jusqu'à ce que le vieux le mette dehors. Il avait de grands projets pour le jour où il hériterait du magasin et les confiait aux employés, baissant la voix pour que son père l'entende mais ait l'impression qu'il faisait preuve, par respect, d'une filiale retenue, et du coup feigne de l'ignorer, ce qui lui permettait à lui de marquer des points en évitant toute discussion.

Il referait à neuf cette grotte du sol au plafond, installerait un comptoir tout à fait disaïgne, OK ?, en arrondi, pour que les clients soient à l'aise, placerait des fauteuils de velours blanc, assortis, pour que la file ne reste pas debout avec sa liste à la main, OK ? Il garnirait le local de vitrines en acrylique où les matériaux brilleraient, mettant en valeur la marchandise, et au fond il verrait bien un bureau genre aquarium, hypermoderne ; il ficherait évidemment à la décharge toutes ces mochetés en fer forgé avec leurs grappes de raisin et leurs pampres, OK ?, et il y aurait des néons tout au long des plafonds, qui dessineraient des volutes imaginatives et percutantes.

Les employés écoutaient, écoutaient, examinant discrètement le visage de monsieur Ferragial en passant, pour deviner s'il était en bonne santé et, le soir, ils vérifiaient si les cotisations syndicales étaient à jour, au cas où.

Le garçon s'appelait Coriolano parce que son père était éperdu d'admiration pour un colonel d'infanterie du même nom, de son village, et qui, comme sous-lieutenant, avait commandé un peloton à Pétaouchnok pendant la Grande Guerre. Après avoir chargé, la fumée dissipée, et s'apercevant qu'il était au milieu des Allemands, il avait hurlé : « Sus ! Foutez-moi une raclée à ces Boches ! » Mais il ne restait plus un homme vivant dans son peloton et il fut fait prisonnier.

Mais ce Coriolano, qui ne trouvait pas moyen de se marier et de dégager de chez ses parents, et qui, vaguement, « mettait au point des projets » comme « assistant » dans le cabinet marketing d'une entreprise de messageries (*Fulmitransports*), décida de tenter sa chance auprès de Clarinda, profitant d'une journée où le magasin était rempli de clients, son père au café, et les deux secrétaires vivant chacune leur vie car elles s'étaient un peu fâchées après un échange de courriels dont le sens pourtant inoffensif mettrait plusieurs jours avant d'être éclairci.

Donc les deux filles prenaient chacune une rue différente, et Coriolano était posté en observation sur le trottoir d'en face. Il était placé devant le dilemme du fameux âne du philosophe français Buridan. La minçotte, blonde et primesautière, ou la bien en chair, à lunettes et l'air savant ? D'un côté… De l'autre… L'âne de Buridan, comme on sait, mourut d'indécision, mais Coriolano se cassait moins la tête.

Que fait le chasseur quand lèvent devant lui deux perdrix quittant la même ramée ? Il appuie deux fois sur la détente et les rate toutes les deux. Que fait le flic quand deux voleurs s'enfuient par la même porte ? Il court après le premier, le fait tomber, l'immobilise, essaie de l'entraîner par la main ou de le charrier sur son dos, continue à courir après le second, les passants interprètent mal la chose, les deux voleurs finissent par s'échapper, et adieu les félicitations et la médaille. Coriolano se pensait plus malin qu'il ne l'était vraiment, mais il savait qu'il ne pourrait attraper les deux femmes d'un coup. Et si la jeunesse de Bárbara, gracieuse et directe, était plus attirante, le fait qu'elle fût mariée, ce qui impliquait, en principe, de plus se fatiguer, l'engagea à suivre Clarinda. L'ayant rattrapée, il lui demanda : « Est-ce qu'il y a pas loin un endroit sympa ? »

Ce furent pour Clarinda deux semaines d'extase et d'ivresse, même si la grandissante froideur à son égard et le sourcil rancunier de monsieur Ferragial indiquaient qu'il n'appréciait guère la plaisanterie. On ne comprenait pas comment il s'était douté de quelque chose : c'est probablement ce sixième sens, apanage, comme chacun sait, des propriétaires des magasins d'outillage, qui lui avait permis de capter un je-ne-sais-quoi, distillé par la limaille de fer, le miroitement du laiton, et entraînant chez lui un malaise et une rancœur.

Mais il n'eut pas besoin de tirer au clair ce qui se passait entre son fils et sa salariée, ni le temps d'accumuler de noirs nuages d'orage.

Un jour, Clarinda arriva au magasin en larmes, révoqua la froideur guindée avec laquelle elle avait traité Bárbara les jours précédents et, profitant d'une absence du patron, se jeta à son cou, et se lamenta en sanglotant : « Quand je pense que je me voyais déjà propriétaire de tout ça… » Vinrent alors les confidences : Coriolano, en fait, était une brute épaisse, gâté et autoritaire, « va chercher ci, va chercher ça, téléphone à machin, téléphone à chose, grouille-toi, non mais… », et il ronflait au cinéma, et renversait le gobelet de pop-corn, la honte.

Détails et secrets ne manquèrent pas à l'appel, que Bárbara écoutait avec une curiosité avide, ébahie qu'il y eût des relations de couple pires que la sienne. Leur conversation se poursuivait par e-mail, en présence de l'imposant monsieur Ferragial qui, ne se fiant pas aux virements bancaires, remplissait des chèques dans son bureau, avec beaucoup d'attention pour ne pas se tromper. Tous leurs courriers électroniques commençaient et s'achevaient par NOSAAL (*N'oublie pas de supprimer après avoir lu*), et révélèrent à Bárbara des réalités de l'existence qui jusque-là lui avaient été dissimulées.

Clarinda, dont Coriolano avait été le deuxième amoureux, moins platonique que le précédent, se considérant désormais experte en hommes, était prise de logorrhée et jurait que jamais plus. Elle voyait en Bárbara, fragile et délicate, une disciple susceptible de régénérer son amour-propre blessé.

Mais hélas !… (et ici l'on veut récupérer cette romantique lamentation qu'à notre époque d'anglophonie triomphante certains voudraient remplacer par *oops* !, comme si ça ressemblait à quelque chose de dire « Mais *oops* ! »), l'âme humaine, même celle des jeunes mariées, recèle de sinistres trappes, qui communiquent directement avec les miasmes putrides de la perdition.

Bárbara se mit secrètement à s'intéresser à Coriolano qui, d'ailleurs, espaçait de plus en plus ses visites au magasin paternel. Elle commença à imaginer des choses. Elle aimait son air détaché, vaguement dédaigneux, ses blazers faits sur mesure, ses mains aux doigts longs « de pianiste », aux ondulations harmonieuses. Et parfois elle se surprenait à l'imaginer tout proche, lui parlant bas, à l'oreille. Elle fut sur le point de lui téléphoner, de prévoir un rendez-vous, elle recopia en secret son numéro et l'enregistra sur son portable. Pour se justifier, sûre de la droiture de ses intentions et de sa force de persuasion, elle comptait le convaincre de renouer avec Clarinda. Ou en tout cas, de lui adresser quelque parole de réconfort qui adoucirait son chagrin, ou même, pourquoi pas, de lui offrir des fleurs, pour sceller une séparation civilisée.

Les deux ou trois fois où elle l'avait vu au magasin, nonchalamment appuyé au comptoir après avoir fait la bise à son père, qui lui tendait une joue exaspérée, elle avait eu envie de l'aborder, à la dérobée, de l'entraîner au-dehors, de lui parler en privé : « Pauvre fille, pourquoi la faites-vous souffrir autant ? » Les autres ne le remarqueraient pas. D'ailleurs ils ne s'étaient rendu compte de rien. Au contact des métaux durs, ils avaient acquis des froideurs et des rigidités qui faisaient que les petits drames susceptibles d'arriver, révélés par de subtils regards et de menus gestes, parfois incomplets, les laissaient parfaitement indifférents. Même les allusions de Coriolano, qui leur entraient par une oreille et leur sortaient par l'autre, ne modifiaient en rien leur amorphe désintérêt.

Bárbara avait un certain mépris pour ses collègues plus âgés, et était sûre qu'ils n'avaient jamais lu un poème de leur vie, même à l'école primaire. Ces pauvres êtres ne vivaient pas, ils trimaient, desséchés, finis, vidés de toute imagination. Elle était très jeune et n'avait pas encore appris à les envier pour leur imperturbable tranquillité d'esprit.

Quant à monsieur Sá, toujours désireux de changer d'emploi, il bornait ses aspirations et sa volonté de changement social à cet unique objectif. Il y a d'autres choses dans la vie, des amours, des ruptures, des rencontres, des abandons, des sentiments, de l'inquiétude, de l'insécurité, des douleurs intimes, des états d'âme ! « D'accord, pépette, si tu le dis. Moi, aujourd'hui je suis allé à l'entreprise Crisferraço Ltd, mais en fait ils licencient, ils avaient besoin seulement d'un responsable de stock, au comptoir en *part-time*, avec des connaissances informatiques au service des utilisateurs. Du baratin : on dit qu'ils vont installer un système où le client appuie sur des boutons et le matériel lui arrive déjà trié et emballé. » « Pas de contact humain alors ? » lui demanda Bárbara, mais il bougonna : « Pas de respect, oui, pour l'ouvrier, qui a besoin, lui aussi, de gagner sa croûte. »

Si bien que Bárbara devait garder pour elle ses émotions sans admettre ce qui pour nous tous est évident et irréfutable depuis déjà des lignes et des lignes. Pendant quelques jours elle fut amoureuse à la folie de Coriolano et sa passion augmentait d'autant plus qu'il venait moins et que, au lieu d'une image concrète, présente, il laissait dans son souvenir une silhouette idéalisée, grand, souple, calme, distingué, l'air absent et rêveur, enfin tout ce qu'une âme transportée pouvait lui trouver.

Un mystère que je n'arrive pas à éclaircir est de savoir jusqu'à quel point Clarinda était au courant des divagations de Bárbara. Elle ne montrait rien de tel, à qui d'ailleurs l'aurait-elle montré, même si on peut admettre que, dans le fond, une juste intuition aurait pu la tracasser. Mais contre Coriolano, rien, contre Arnaldo, tout.

Clarinda, après son échec avec Coriolano, et ajoutant à ce vécu des souvenirs déjà anciens, liés à un certain Delmar, un type aux grands yeux à fleur de tête constamment sur le qui-vive, qui faisait un pas en arrière dès que quelqu'un s'approchait, estimait qu'elle avait une raisonnable expérience des hommes. À partir du moment où Bárbara la considérait comme une experte, elle exploitait à fond sa fonction pédagogique.

— Il faut savoir les comprendre, ma chérie, perceptionner leur infra-texte (elle avait fréquenté le *workshop* d'écriture créative de la Mairie). Seule l'ingénuité de certaines femmes leur permet de prendre l'avantage et de conduire les choses à leur idée.

Et elle entrait dans les détails, lisant les comportements les plus impalpables avec une grande subtilité, les interprétant à partir d'un monde qu'elle appelait « l'univers des hommes », avec une minutie, précision et rigueur comparables à celles des sorciers, en particulier les brésiliens et les africains (les chamans de Sibérie sont plus vagues) quand ils sont aux prises avec les zones déchiffrables de l'Astral.

Après qu'« il » s'était rasé, avait-elle remarqué s'il s'était mis à laisser son rasoir à moitié tombé le long du bord interne du lavabo ? Parfois, prenait-il un air abstrait et l'obligeait-il à répéter ses questions ? Répondait-il par monosyllabes ? Avait-il maigri ?

Grossi ? Tu n'as pas de balance ? Mais il y en a des très bon marché au 46-48 Rua da Vitória. Se couchait-il en lui tournant le dos ? Ronflait-il ? Parlait-il de vacances « de rêve » ? Rentrait-il plus tard que d'habitude ? Arrivait-il plus tôt ? Achetait-il des outils à tort et à travers ?

— Ma chère Bárbara, je ne serais pas ton amie si je ne te mettais pas au courant. Il a quelqu'un d'autre…

— Mon Arnaldo ? Tu crois ?

— Fatal comme le destin.

Et c'est vrai qu'Arnaldo, en y regardant de près, avait les derniers temps un comportement étrange. Du coup, on avait moins envie de parler avec lui. Son halo, aura, karma, ou comme on voulait bien l'appeler, s'était évanoui. Peut-être Clarinda n'avait-elle pas raison sur tout, mais elle avait détecté l'essentiel. Arnaldo, c'était sûr, se donnait du bon temps ailleurs, malgré son air de sainte-nitouche, et cela laissait à Bárbara l'esprit plus libre et la conscience plus légère pour idéaliser ses imaginations concernant Coriolano. Qui étaient, à vrai dire, très diffuses, des lignes, des ombres, des arpèges, une sensation de bien-être, comme on vogue dans les airs, main dans la main, sur un tapis volant ou une vague d'air chaud.

— Tu sais, *probablement* il y a quelqu'un d'autre, mais je n'ai encore rien décidé.

— Probablement ?

— Je ne veux plus en parler.

— Mais c'est toi qui as commencé…

— Dis donc, tu dois bien savoir ce que tu fricotes…

Arnaldo était anéanti et Bárbara s'en voulut immédiatement. Mais il était trop tard. L'irritation le gagnait :

— Explique-moi !

Elle n'expliqua pas, elle récrimina, récrimina, récrimina, et Arnaldo, en fin de soirée, se retrouva plus lourd de péchés que le brigand Zé do Telhado[8], ne trouvant pas de mots pour répondre, ne serait-ce que parce qu'il était si surpris qu'il ne réussissait pas à distinguer les véniels des mortels, et encore moins à bâtir une défense bien pensée.

Bárbara eut besoin de toute sa force de volonté pour rester sur ses positions jusqu'au lendemain matin. Au magasin, elle pleurnicha, la lèvre tremblante, et fut réconfortée par Clarinda, sous le regard sévère et soupçonneux du patron qui même en rêve n'aurait pas imaginé que son fils, si doué pour lui créer des complications, en aurait engendré une pareille, et en plus sans le vouloir.

— Il y a et il n'y a pas quelqu'un, avait-elle répondu quand Arnaldo lui avait demandé inquiet s'il y avait *vraiment* quelqu'un d'autre. Et tu te trompes beaucoup si tu penses que je ne vois pas tes manœuvres et tes échappatoires…

Arnaldo mit un long moment à réagir. Tout cela le troublait beaucoup. Il n'avait aucun appui, contrairement à Bárbara. D'une manière générale les hommes sont peu bavards quand il s'agit de sujets privés et il n'était proche d'aucun collègue au point de lui faire des confidences domestiques.

Traditionnellement dans les histoires, on introduit un barman qui accueille les épanchements, mais c'est pour les clients des bistrots. Au cinéma les barmans ont une fonction d'adjuvants, qui véhiculent de l'information et des notes didascaliques sur tel ou

---

8. Personnage populaire qui a existé, voulant « prendre aux riches pour donner aux pauvres », d'abord héros des guerres civiles portugaises de la deuxième moitié du XIX$^e$ siècle, puis bandit de grand chemin. (NDT)

tel état d'âme, sans que le spectateur s'en aperçoive, car le personnage s'inscrit naturellement dans les conventions.

Mais quand un homme ne boit pas, n'a pas d'amis intimes célibataires, ne fait guère confiance à ses compagnons de travail qui le lui rendent bien, quand il a son père en Suède, sa mère dans les nuages, et en est réduit à un banc de jardin pour méditer à son aise, il ne peut compter que sur ses propres et faibles forces. Que faire ? Contre-attaquer, évidemment, rendre coup pour coup.

Et c'est ainsi qu'il laissa entendre, à mots maladroits, mais qui suffisaient à Bárbara, qu'il existait de fait une femme mystérieuse que, sans concrétiser exagérément, il désignait seulement par « l'autre personne ». Il ajouta à cela de mémoire une longue liste de griefs qu'il exposa à Bárbara point par point, et qu'il avait préparée sur une feuille A4 pendant ses heures de travail. Mais la liste n'intéressa pas Bárbara. Elle répondit mollement. L'idée de « l'autre » l'avait atterrée.

— Ne lui laisse aucun répit, rends-le jaloux au maximum, ça lui fera les pieds, sifflait Clarinda à voix basse, sur fond de bruits confus dans le magasin, avide de conduire l'affaire par amie interposée.

Si Bárbara avait été plus avertie et plus attentive aux détails de la vie réelle qu'aux contretemps de sa relation avec Arnaldo, elle aurait remarqué l'air convulsionné de Clarinda, bouche tordue, faciès dur, sourcils à l'oblique, yeux étincelants, tête rejetée en arrière. C'était ce genre de masques que Belzébuth mettait jadis à ses sorcières, grandes prêtresses de la malfaisance et démolisseuses de bonheur. « Vas-y, le ménage pas ! » l'excitait Clarinda, et quoi qu'Arnaldo pût faire, dire, insinuer ou penser (car Clarinda avait aussi le don de deviner les pensées), elle trouvait la réponse. Si le sommeil de Bárbara était assombri par de noires nuées de plus en plus pesantes, celui de Clarinda n'était pas meilleur : elle bondissait à ce que Bárbara lui racontait d'Arnaldo, elle mémorisait ses phrases, revoyait les détails fournis par sa collègue et, toutes les nuits, elle lui concoctait, dans le plus grand désordre mental, les répliques vipérines féroces grâce auxquelles elle acculerait son mari dans les cordes.

Et c'est ainsi que, de fil en aiguille, nous avions un couple qui allait de plus en plus mal sans bien savoir pourquoi, prenant pour raison l'erreur, et bâtissant l'erreur sur la conjecture. La tortue était désormais l'unique engagement qui les liait. Et ils n'ouvraient la bouche que pour se faire la guerre.

— Tu as rapporté les gants ? venait de demander Bárbara, une fois de plus.

— Je n'ai pas eu le temps. Je travaille, je ne sais pas si tu sais ? En plus, le Chinois n'avait pas de haveneaux, et chez l'armurier on me demandait cinquante euros.

— Mais qui t'a parlé de haveneau ?

Le lendemain Clarinda se montra ravie que Bárbara se soit aussi bien défendue. Mais elle n'eut pas le temps de faire de grands commentaires, car elle dut aller à l'hôpital faire déjeuner une vieille tante, admise après une chute et qui refusait de manger si on ne lui faisait pas la conversation.

C'est alors que se produisit une rencontre de la plus grande importance pour Bárbara, qui fit galoper son cœur comme jamais auparavant. Elle revenait du restaurant chinois où elle avait partagé un riz cantonais avec les employées de la pharmacie, et contemplait la vitrine d'une parfumerie, changée depuis peu et pleine de tentations, quand une voix connue résonna à ses oreilles et donna plus de vie à l'image diffuse, mais reconnaissable, qui se découpait sur la vitre. Coriolano était tout près, leurs ombres se mêlaient, il la saluait, elle sentait presque son haleine mentholée :

— Bonjour, Bárbara…

Ce fut comme si le sol sous ses pieds vibrait, et qu'un souffle lourd et tiède soulevait le monde alentour. Bárbara sentit que ses bras lévitaient, qu'elle n'était pas capable de contrôler son expression, ni son visage, et qu'elle était au bord de l'évanouissement. Elle ne réussit pas à répondre tout de suite et se mit à balbutier des choses sans queue ni tête.

— Je peux vous offrir un café, Bárbara ?

— J'en ai déjà pris un.

— Un autre, alors…

L'épaisseur de l'air se dilua, Bárbara respira à fond, la silhouette de Coriolano s'éclaircit et lui apparut soudain, détachée sur le mur du fond, son costume clair si soigné, sa coiffure léchée de footballeur, un petit sourire content de soi, désinvolte, effronté. Et c'était son sourire qui insistait, non sa voix.

Mais à la commissure de sa lèvre, comme un fil abandonné surgi de ses entrailles, tremblotait et palpitait un crachouillis blanchâtre, presque sec, installé et luisant. Bárbara fixa un instant le vernis de cette excroissance et se détourna aux trois quarts pour échapper à cette vision. Mais aussitôt son regard revint à ce filet visqueux, qui soudain tressaillit, s'affirma, liant ces lèvres blasées qui prenaient du relief, énormes, perdant toute relation avec le reste du visage.

— Non, dit Bárbara, et elle fit un pas en arrière.

— Ah te voilà, pas trop tôt, fich'ton, il est prechque trois heures, et toi ni ouf ! Ch'est bon pour ton idiot de père de ch'en faire, d'attendre... il a un fichs qui est riche...

Les mains sur les hanches, monsieur Ferragial, se montrant à la porte du café, interpellait son fils, qui effaça aussitôt son sourire. Bárbara ne vit pas si le crachouillis était toujours là, car elle avait cessé de regarder.

— Allez, allez, au travail, Bárbara, mon enfant, dit le patron, protecteur.

Et il poussa presque Coriolano vers les ténèbres du boui-boui.

Il y avait un désaccord quelconque entre le père et le fils, qui ne la regardait pas, et Bárbara continua son chemin. Mais, avant même que monsieur Ferragial n'ait surgi à la porte du café, Coriolano souriait encore que le charme était rompu. Un choc, un ballon qui éclate, laissant un résidu en caoutchouc dégonflé. Tous ces transports, ces turbulences atmosphériques, la sensation de voguer dans des limbes tièdes et douillets avaient soudain disparu comme si l'air était devenu net, sec, et que le profil des choses reprenait sa précision, la dure loi de la gravité s'imposant sévèrement.

Vous vous rappelez la vieille B.D. américaine de Lee Falk et Phil Davis, *Mandrake*, le magicien en smoking, avec sa moustache et sa coiffure luisante de brillantine ? Dans les moments cruciaux, qui intervenaient à chaque planche, la didascalie était « Mandrake fait un geste hypnotique », et le monde changeait instantanément avec des apparitions, des disparitions, des recadrages et une extraordinaire variété d'effets *ad lib*. « Mandrake fait un geste hypnotique. » Géniale invention. Les auteurs n'auraient plus besoin de préparer et installer le fameux *deus ex machina*. Ils l'auraient toujours à portée, en un sonore claquement de doigts. Mais ils n'auraient jamais imaginé qu'un reste de crachouillis blanchâtre, à moitié sec, au coin d'une bouche, pouvait opérer de si grands miracles.

Bárbara était assise à son bureau et se disait à elle-même : « Comment ai-je pu être presque folle amoureuse de ce crétin. Faut dire que Clarinda aussi. Mais Clarinda c'est Clarinda, et moi… je suis quand même mieux qu'elle. »

Et à cet instant précis, avant l'arrivée de Clarinda, elle se rappela les gestes délicats et retenus d'Arnaldo, son sourire timide, ses accès de rage enfantins, la subtile méticulosité avec laquelle il pelait une pomme.

Son mari lui manquait, elle fut sur le point de lui téléphoner, Clarinda sentit une certaine résistance et distraction chez elle lors de la leçon de l'après-midi sur « les hommes ».

Mais les jours passant, le processus de séparation était désormais très avancé, et Bárbara, lasse d'atermoiements et d'échappatoires, se repentant de s'être repentie, intimait l'ordre à Arnaldo d'acheter une paire de gants dans une station-service ou un magasin spécialisé.

— Va falloir que je laisse ma place de stationnement. Se balader en voiture ça ne pose pas de problème. C'est trouver à se garer après qui en est un.

— Tu as fait une promesse, non ? Tu es prié de la tenir.

— Mais où je vais trouver une putain de paire de gants à cette heure ? On attend demain.

— Aujourd'hui !

Bárbara se laissait porter par la dynamique qu'imposait la situation. Une ample et profonde réflexion serait ici la bienvenue sur le fait que les hommes (entendus ici sous d'habiles espèces, suivant l'acception que le vicomte de Seabra, sagace auteur de notre cher Code civil, a retenue dans son article premier : « Seul l'homme est tenu à des droits et à des devoirs » [loin d'imaginer que quelqu'un pourrait le taquiner en observant, main négligemment sur la hanche et voix flûtée : « Et les femmes ? »]), sur le fait que les hommes, disais-je, esclaves de la dialectique, ne cessent, de façon hautement contradictoire, de créer les circonstances qui les tyrannisent par la suite. Les disputes conjugales ont fortement vocation à rouler pour leur propre compte et à s'engager sur les chemins labyrinthiques de l'autogestion. Et même si chaque conjoint pris séparément ne souhaite pas, là au tréfonds de son âme, en arriver à des conséquences irréversibles, il peut y être poussé par les phrases, expressions et attitudes qui se sont accumulées et qui, accentuées par le souvenir et amplifiées par le ressentiment, deviennent une machine infernale que personne n'arrive plus à arrêter. Et tout geste, même innocent, même hors contexte, actionne un levier ou débloque une goupille.

C'est ainsi qu'au sein de ce couple il n'y avait plus moyen de prononcer un mot, pour inoffensif qu'il fût, sans déclencher aussitôt une levée de rancœurs et récriminations. Si l'un disait « il fait froid », l'autre se sentait obligé de répondre « t'avais qu'à acheter la couverture électrique ». Si l'un montrait par la fenêtre une scène, en bas dans la rue, l'autre disait : « Au lieu de te laisser distraire par ces âneries, tu aurais mieux fait d'appeler le plombier. » Elle : « Et qui aurait payé les vingt euros du déplacement ? Toi ? » Lui, faisant mine d'attraper un stylo : « Ah, parce que tu veux qu'on fasse les comptes ? Hein, c'est ça que tu veux ? »

— Des gants ?

L'homme le regardait d'un air de profond mépris, comme si on lui avait demandé : « Vous connaissez mon cousin ? Un gars qui est un peu… qui ressemble à… et qui travaille sur le chantier de monsieur Leodomiro ? »

Arnaldo reconnaissait dans son for intérieur que cette station-service, à la sortie de Lisbonne, n'était sans doute pas l'endroit idéal où trouver des gants en latex. Mais il n'y avait apparemment aucun autre établissement d'ouvert, et il lui tenait à cœur de mener à bien ce que Bárbara et lui avaient décidé d'un commun accord.

Donc il était là, face à un individu qui le regardait d'un air hargneux par-dessus des lunettes pour voir de près, contrarié d'être interrompu en pleine lecture du magazine *Man's Health*, qu'il avait déplié sur le comptoir. Et là-dessus, voilà que s'approchait pour s'y appuyer un type de la sécurité avec une gueule de voyou, qui prenait le plus grand intérêt à contempler les jointures de ses deux poings réunis, qu'il levait à quelques centimètres de son nez comme s'il ne les avait jamais vus auparavant.

— Ça, c'est plutôt à l'hôpital, grogna l'agent de sécurité.

Il y avait quelque chose de sournoisement allusif, dans cette phrase soufflée entre des doigts velus, comme un avertissement invitant Arnaldo à battre en retraite avec les honneurs. Il est clair que le pompiste et le type de la sécurité, étant donné l'expérience nocturne qui était la leur, avaient forcément compris tout de suite qu'Arnaldo était la candeur en personne. Mais, pour une question de principes, ils continuaient à agir professionnellement. Leur antipathie n'avait rien de personnel. Ce fut là leur erreur. S'ils avaient été plus relax, plus libres, ils se seraient peut-être rendu compte de ce qui allait se passer, et auraient pu déclencher l'alarme.

— Ceci est un hold-up ! Tout le monde à terre !

Et sur ce, l'univers se met à virevolter furieusement en un tourbillon plein de couleurs, comme si les rutilants paquets de chips et les prestigieux magazines *people* vrombissaient emportés par les acrobaties joyeuses d'un manège fou. Une sorte de King-Kong grisâtre avait bondi sur le comptoir et une forme fantastique beuglait :

— Toi aussi la mauviette, tu t'couches, t'aus pigé ?

Arnaldo se recroquevilla, se rapprochant de l'agent de sécurité étendu sur le sol en briques de pavage, et qui lui chuchotait sur un ton devenu amical :

— T'inquiète, mec.

C'est alors qu'éclata un ouragan métallique de machines fracassées, une pétarade de ferraille, d'objets jetés à terre, dans un pandémonium de fin du monde. Fin du monde qui était encore à l'ordre du jour quand deux détonations firent trembler les vitres et obstruèrent les deux tympans d'Arnaldo. Des masses confuses se déplaçaient et s'écroulaient comme des paquets de linge sens dessus dessous. Une forte odeur de poudre imprégnait toutes les molécules alentour, de la plus petite à la plus grosse.

Arnaldo ne saurait jamais s'il s'était évanoui, s'il s'était temporairement absenté du monde pour ne pas en souffrir la brutale injustice, ou si la suite des événements se déroula sans solution de continuité. On y reviendra.

Cette nuit-là, Bárbara – à qui revenait le lit conjugal – attendait les gants, et, après la telenovela, feuilletait un magazine appelé *Glamour* qui entraîna chez elle un énorme bâillement tout à fait justifié. Mais pas de clé qui cliquette dans la porte, et l'ascenseur semblait cloué au rez-de-chaussée. Elle commença à se faire du souci, et survint alors une tristesse ondoyante, faite de résonances douloureuses, avec accords lointains de violons, et obscure langueur à l'ombre de cyprès. Arnaldo avait dû profiter de cette sortie pour retrouver sa dulcinée. Qui cela pouvait-il être ? Mais quel toupet, quelle impudence. Et lui montèrent aux yeux des larmes injustifiées, submergeant les regrets qu'elle éprouvait tout à coup des bons moments, certes rares, qu'ils avaient passés ensemble, comme s'ils avaient été bien réels.

Ces disputes dans les couples sont par nature des malentendus, *abyssus abyssum invocat*. Elles seraient presque réduites à néant si elles s'appuyaient sur des objectifs, des faits, des nombres, alignés en colonnes rigoureuses, claires, indépendantes. C'est ce qui se passerait chez les fourmis et les abeilles, à coup sûr, si elles vivaient en couple et savaient jeter des informations sur un papier. Mais si l'on y réfléchit, personne ne souhaiterait avoir une vie de la sorte, et si certaines choses sont comme elles sont, c'est précisément parce qu'elles confirment la vérité contenue dans l'une des dernières répliques du dialogue de ce chronovélème, qui sera, si je ne m'abuse, prononcée par Bárbara : « On est des êtres humains, non ? »

La grande erreur de Bárbara c'est qu'il n'y avait pas vraiment « quelqu'un d'autre », avec la charge de mystère et de dangerosité que l'on a coutume d'attribuer dans ce contexte à l'expression, lourde de sens funestes. Arnaldo n'avait pas eu besoin d'être très habile pour qu'elle se persuade qu'on lui avait volé son mari, de même qu'il était convaincu qu'un autre homme lui avait subtilisé sa femme.

L'intuition féminine ne suffisait pas à Bárbara, il lui aurait fallu une plus grande expérience de la vie, et les machinations de Clarinda n'arrangeaient pas les choses.

La vérité est que, à moins que dans ces matières on tienne compte des intentions, voire des timides tentatives, et sur ce point les doutes me tenaillent, Arnaldo était peu ou prou innocent.

Deux ou trois collègues, parce qu'ils le voyaient rivé tristement à son ordinateur, se laissant hypnotiser par la luminosité de l'écran, renonçant à faire défiler les colonnes d'Excel, et même à tripoter son clavier, lui suggérèrent d'inviter à dîner Cintialina, la responsable des Services juridiques. Quelqu'un avait fait courir le bruit qu'ils « avaient beaucoup de choses en commun », et tous ces braves experts comptables se sentirent une âme d'entremetteur. La volonté d'Arnaldo était plutôt chancelante, et c'est eux qui menèrent la danse, regardant naître cette relation avec le tendre enthousiasme de celui qui dorlote une plante carnivore née sous d'autres climats.

— Dîner peut-être pas, parce que je dois aller au *workshop* d'*ikebanart* à huit heures et demie, mais je ne vois aucune raison valable de ne pas déjeuner ensemble dans le coin.

— Aux Délices Turcs ou au Ratoufoufafabá de Leblon, ou à Okusai Akamoto ?

— Au Paradis des gars du Minho c'est plus copieux et c'est meilleur marché.

Et, presque sans savoir comment, Arnaldo avait en face de lui l'impeccable Cintialina, se servant de ses couverts comme d'aiguilles à tricoter, et qui lui expliquait :

— L'ordre de service qui oblige à privilégier l'interprétation la plus favorable de l'arrêté 38/64 est à l'évidence moins avantageux que l'implémentation de la déduction du modèle n°6 A, du moins telle qu'elle est analysée par nos services, dans des cas spécifiques dûment répertoriés, et lorsqu'elle n'est pas alourdie par l'exception non implémentationnelle. Sous réserve d'un meilleur avis, bien sûr.

Elle but une petite gorgée de vin et le regarda dans une muette interrogation, prête à un respectueux désaccord. Et lui aussitôt, un cube de porc mariné suppliant au bout de sa fourchette :

— Absolument !

Cependant, de l'autre côté de la vitre du restaurant passaient des ombres et encore des ombres, un gamin s'évertua à la plus horrible des grimaces, les lèvres retroussées et les yeux hors des orbites, un couple âgé consulta le menu avec circonspection et s'éloigna, dubitatif. Arnaldo s'interrogeait sur la raison pour laquelle tant de gens allaient et venaient à cette heure-là dans le centre commercial. Le chômage était en hausse, c'est vrai ; il y avait peut-être des gens en congé ce jour-là ; et pour les employés des boutiques, banques, entreprises et institutions des alentours, c'était l'heure du déjeuner. Mais cette masse fluctuante qui montait et descendait dans ces escaliers roulants qui ressemblent aux dents fatiguées d'un engrenage, et se répandait dans les galeries en formations grumeleuses, indistinctes et bruyantes, avec quelque chose d'inquiétant, d'où venait-elle ? Pourquoi était-elle là ? « Il n'y a plus de patrons », concluait-il intérieurement, hésitant entre une frite, une rondelle de saucisson et un reste de gratin de légumes. Il était viscéralement réactionnaire, non par mauvaiseté, mais par atavisme.

— N'est-ce pas ?

Cintialina, toujours impeccable, respirant la santé, avec ses cheveux lisses, épais et noirs, si touffus qu'on aurait dit une perruque ou un feutre sombre, l'interrogeait, délaissant ses couverts posés sur le gratin de légumes. Et Arnaldo fut saisi d'une funeste angoisse, faite de lassitude et de remords, à la fois parce qu'il n'y connaissait rien aux implémentations et parce qu'il faisait faire fausse route à cette femme dont la façon d'être ne souffrait aucune comparaison avec la grâce de petite fille de Bárbara.

Nous savons tous, et particulièrement ceux d'entre nous qui, prenant des risques, tâtons de la chose artistique, que l'improvisation demande de gros efforts, et que les meilleures trouvailles résultent d'un long exercice de concentration, de diverses tentatives, analyses, synthèses, et d'une confortable somme d'expérience. Or, Arnaldo ne disposait de rien de tout cela et, par-dessus le marché, il avait été pris au dépourvu, à l'instar de ces enfants qui se retrouvent de l'autre côté d'un talus et ne savent plus comment le gravir à nouveau. Comme ils ne peuvent pas retrouver la route, et parce que la nuit tombe, ils regardent tour à tour les ronces enchevêtrées, la pente glissante et boueuse, et ils décident, dans un élan dont ils auront probablement à se repentir, de s'enfoncer dans la forêt la plus proche, sans savoir s'ils y rencontreront cette petite lumière salvatrice des contes populaires.

C'est dans cet état désespéré qu'Arnaldo prononça les mots fatals :

— J'ai la plus grande estime pour vous, vous savez ?

À peine avait-il nasalisé la syllabe « gran » qu'il s'en mordait les doigts. Il pensait en accéléré à quelque façon de combattre sa propre inconsistance quand il s'aperçut que, bien que prononcée d'une voix claire et d'une façon inéquivoque, sa déclaration ne correspondait pas vraiment aux attentes de Cintialina, et n'avait donc pas été intégrée par cette machine à raisonner.

— Oui, oui, avait répondu Cintialina, mais qu'est-ce que vous faites, vous, dans votre service, quand vous vérifiez lors du comparatif des rendements que la réalisation des plus-values a des incidences, éventuellement en spirale, sur les coûts relatifs aux processus purement instrumentaux, même s'ils sont soumis à la taxe à 5 % ? – et elle avait ajouté – Hein ?

Au cours de cette conversation, Arnaldo s'était rendu compte que Cintialina disait oui à tout, un assentiment sec, bref, glacial, de ceux dont Ponson du Terrail aurait dit qu'ils n'admettaient « pas de réplique », et qui signifiait « c'est cela, oui, passons à autre chose… ». Cintialina n'entendait qu'elle-même, l'écran de la bureaucratie était pour elle un merveilleux océan de roses, le miroir de son narcissisme. Et Arnaldo n'avait eu besoin ni de beaucoup de subtilité pour comprendre, dès la crème caramel, la raison pour laquelle Cintialina était si disponible, ni d'en passer par la paranoïa du complot pour se rendre compte que ses collègues s'étaient bien moqués de lui.

Bárbara pouvait être tranquille, elle n'avait pas de rivale à sa hauteur. Pour l'instant, en tout cas.

Nous avions laissé, par le biais d'un *cliffhanger* négligemment suggéré, notre héros dans une station-service du bout du monde, à plat ventre sur le sol, écoutant l'univers qui s'écroulait, en vagues de déflagration toujours plus fortes, et tellement tourneboulé qu'il pensait avoir le cœur recroquevillé dans l'estomac, l'estomac coincé dans la gorge, et la gorge hoquetant dans les talons.

Après la fusillade éclatèrent les hurlements, poussés avec une telle énergie, un tel entrain que cela faisait penser à un concours entre adolescents dont la voix vient de muer et qui se répandent en bandes dans les rues pour scandaliser les gens qui travaillent, ou aux cliques des supporters de clubs de foot, projetant tous azimuts les frustrations de leurs vies ratées. Divers hululements s'entrechoquaient en stéréophonie :

— Police ! Tout le monde à terre. Lâche ton arme, connard ! Les mains derrière la tête ! Plus vite que ça !

C'en était trop pour la comprenette et les émotions d'Arnaldo qui, ayant renoncé à tout diagnostic, s'accordait une brève hibernation, bien qu'on fût en mai. La conscience débranchée, peut-être avait-il émis quelques explications dont la clarté laissait sûrement beaucoup à désirer. En tout cas, à une heure avancée, un type la boule à zéro, en uniforme, était assis devant un bureau métallique en face de lui, et lui demandait plein de curiosité :

— Mais pourquoi diable tu voulais des gants de chirurgie ? Explique-moi ça…

Et une voix sortie de l'ombre, railleuse, sur son côté droit :

— C'était mieux pour te servir de ton flingue, non ? Pour dissimuler tes empreintes ? Pour feinter la police ?

— La tortue…

— C'est qui la tortue ? Elle habite où ? Elle est où, d'habitude ? C'est quoi, sa voiture, à cette nana ?

— Un animal.

— Cet abruti est en train de me les briser menu, ça va pas tarder que je voie rouge, bon Dieu ! Parle, allez, parle !

Et l'homme donna un tel coup de poing sur le bureau qu'il fit sauter en l'air tous ses papiers et trembler son ordinateur sur sa base, au point que l'autre observa :

— Hé là, Tavares, on se calme, vieux !

C'était le jeu du bon et du mauvais flic, leurs grosses ficelles étaient inutiles, car Arnaldo était au bout du rouleau. Sa carte d'identité, son numéro de contribuable, sa carte syndicale, ses cartes de crédit, et toutes les petites cochonneries qu'on transbahute tous dans nos poches, depuis les tickets de retrait au Multibanco jusqu'à l'adresse de notre dentiste, tout cela était étalé sur la table, circulait de main en main, et les policiers n'en finissaient pas de se rendre compte que tout cela était en ordre. Arnaldo essayait de se rappeler la chronologie des événements. Il était allé à une boutique ouverte 24 h sur 24 à Saldanha, mais elle avait fait faillite. Il était passé par la pharmacie de garde, non des gants ils n'en avaient plus, mais ils étaient commandés ; finalement il s'était adressé comme ça au hasard à une station-service au cas où, par un coup de chance, il aurait pu y trouver des gants, mais en fait de chance ça avait donné tout ce hourvari.

Chez eux, Bárbara, en proie aux suppositions, n'arrivait pas à s'endormir. Elle pensa à s'habiller et à sortir, pour se venger, pour qu'il soit mort d'inquiétude, pour qu'il ne la trouve pas à son retour. Elle en vint même à se dresser d'un coup et à plonger en avant pour attraper sa robe, en tapon au pied du lit, mais la perspective de marcher toute seule au hasard dans les rues, tomber sur des voyous qui l'importuneraient, supporter des ivrognes, attirer le regard des curieux, fuir le harcèlement de gros dragueurs, esquiver les bolides de la mafia, la découragea et la fit renoncer. Si au moins elle avait eu un chien, un rottweiler ou un berger allemand, doux avec ses maîtres, mais féroce avec les agresseurs. Mais la seule compagnie dont elle disposait était celle de cette inutile tortue se cognant continuellement contre l'acrylique. Il était trop tard pour parler à Clarinda, ou à l'une de ses amies et connaissances. Elle alluma, éteignit le téléviseur de la chambre, le ralluma, zappa d'image en image, faisant défiler couleurs et bruits de façon distraite, l'éteignit à nouveau. Et avant de se rendormir elle alla jeter deux doigts de phytoplancton sec dans l'aquarium de la tortue, particulièrement active cette nuit-là.

— Ciel, mon beau-fils !

Plus que la porte s'ouvrant avec fracas, c'est le mot utilisé, fendant l'espace comme un éclair sinistre et néanmoins clarificateur, qui fit sursauter Arnaldo. Il détestait que le jules de sa mère l'appelle « beau-fils » et ne le détesta pas moins de le tirer d'une situation qui, dans le cas contraire, laissait entrevoir considérables désagréments et perte de temps.

Son aversion était de longue date, et elle était inamovible. Sa mère, sous un prétexte quelconque, avait organisé une petite fête chez eux pour, en fait, présenter l'homme de sa vie, quinze ans de moins qu'elle, un athlète, gardien de l'ordre public et, pourquoi pas, du faible et de l'opprimé, à condition que le fort et l'oppresseur ne s'y intéressent pas. Elle en avait profité pour montrer à ses invités une sorte de tonnelle de vigne avec de fausses grappes de raisin en verre, que le jules avait installée sur la terrasse.

Il y avait là une dame qui écrivait des livres de savoir-vivre, grande spécialiste des couverts à poisson dans le monde entier, et son mari qui était purement et simplement propriétaire (très endetté, disait-on), et arborait un *foulard** ornant un blazer aux boutons en métal argenté ; une personne qui était productrice de télévision et vivait dans l'intime conviction que la *régie** et tout ce qui gravite autour c'est le monde, et que tout un chacun devait le savoir ; l'accompagnait un individu malingre, parfaitement renfrogné, qui regardait la terre entière avec des yeux exorbités à la Buster Keaton, et n'ouvrait pas la bouche. Et il y avait aussi un plumitif dans la cinquantaine, bien peigné et chipoteur, qui était venu du Mozambique avec, tu te souviens, un ami qui tenait les crevettes frites entre deux doigts gracieux aux ongles manucurés, et avait un blogue intitulé *Think Pink Destiny*. « Sur ce point, disait-il, il faut lire mon blogue », et il s'auto-citait abondamment : « Dans mon blogue ceci, dans mon blogue cela. » Ou même il en imposait la lecture : « Voyez donc ce que j'ai écrit dans mon blogue », « Je vais consulter mon blogue, et je vous dirai ce qu'il en est ». Il y avait aussi quatre veuves qui prenaient habituellement le thé à la Mexicana[9], et de généreux bienfaiteurs de la paroisse qui organisaient les kermesses de Noël.

Arnaldo était agacé par la façon condescendante et supérieure dont sa mère traitait Bárbara, cherchant à lui faire sentir à propos d'un chintz, d'un centre de table, ou d'un style *chippendale*, la distance sociale qui les séparait, peut-être pour éviter que le même genre d'appréciations ne soit utilisé à l'encontre du flic qu'elle avait installé à demeure. Par deux fois, elle

9. Pâtisserie chic de Lisbonne datant de 1948. (NDT)

fit des réflexions à Bárbara en l'attrapant par le bras pour se moquer d'elle, qui s'était encore laissée aller à dire « je suis allée au coiffeur », « commissairiat », ou « je lui en dois rien ».

En ce qui concerne « je lui en dois rien », c'est la mère d'Arnaldo qui avait tort car l'expression est attestée par d'illustres auteurs du XVI^e siècle, y compris João de Barros[10], et du XVII^e siècle, y compris la marquise de Sévigné, si je ne m'abuse. Quant aux autres formulations, elle avait de la chance que personne ne lui rendît la monnaie de sa pièce, comme cela arrive souvent aux gens qui ne cessent de corriger les autres.

Arnaldo, dans ces moments-là, en arrivait à penser qu'il n'aimait pas beaucoup sa mère, et qu'il ne se repentait nullement de s'être parfois montré un fils dénaturé, du moins dans ce qu'il entendait par le renoncement à cette nature-là. Par-dessus le marché, il ne possédait pas cette agilité d'esprit qui permet de répondre mot pour mot, ou d'exhaler une de ces insinuations qui continuent à planer dans l'air, ténues et vénéneuses comme une fuite de gaz moutarde. Il défendit Bárbara à sa manière, contre-attaquant au sujet des meubles, puisqu'il n'osait pas faire référence au flic.

— Maman, tu n'as jamais fait rempailler ce fauteuil.

Il parlait d'un énorme fauteuil à bascule, plein de volutes, si démesuré que, vu de loin, on aurait pu le prendre pour un fauteuil de barbier, ou la machine à explorer le temps qu'on voit dans le film de

---

10. João de Barros (1496-1570), historien et écrivain portugais, auteur en particulier d'une histoire de la découverte de l'Inde par le Portugal, les *Décadas da Ásia*. (NDT)

George Pal[11]. Il venait de son père, comme une relique de famille, et l'assise en était toute dépaillée depuis des lustres, dans un ébouriffement chaotique, sous un coussin de soie brodé d'un chameau qu'Arnaldo exhiba à la ronde, triomphant et cruel, comme s'il exposait la perruque de quelqu'un.

— Bonne idée, dit sa mère, d'un ton coupant. Ça ne t'ennuie pas de le porter toi-même au rempailleur ?

— Mais comment veux-tu que je porte ce fauteuil ? Tu as vu sa taille ?

Le dialogue eut un succès inattendu car les présents formèrent un cercle autour du fauteuil à bascule et cessèrent toute conversation. Arnaldo n'en espérait pas autant. Il était très timide, et se sentit embarrassé. Il remit le chameau brodé à sa place d'origine et fit un signe discret pour qu'on s'éloigne. Mais le flic, reposant avec vigueur sa croquette de morue, surgit du fond de la pièce, dans un élan de fureur solidaire :

— On le démonte, et tout de suite !

Et il se jeta sur le fauteuil, le renversa, mesura ses points faibles, pareil à un lutteur de lutte libre quand il soulève en force son adversaire par la taille comme dans un étau, et le jette ensuite au sol pour lui plonger dessus. Arnaldo ne comprit pas comment était soudain apparu un tournevis, mais il soupçonna le propriétaire du blogue d'avoir dans les poches un de ces couteaux suisses qu'on offre aux jeunes lors des Noëls familiaux quand on n'a pas d'autre idée. Ils furent bientôt deux de plus, puis un autre, et aussi une petite vieille, à s'emparer du fauteuil, sa mère riait, on entendait le bois qui craquait, les

11. George Pal (1908-1980), cinéaste hongrois naturalisé américain en 1940. *La machine à explorer le temps* (*The Time Machine*) est de 1960. (NDT)

tapis usés qui rendaient l'âme, les halètements à la chaîne. Arnaldo n'avait pas d'autre solution que de faire semblant d'aider, lui aussi. Ce soir-là, humilié, il sortit de chez sa mère avec une galette en paille dégarnie sous le bras, un petit sac en plastique contenant six vis, et une haine chevillée au corps pour le jules de sa mère.

Il jeta la galette du fauteuil dans une poubelle pas loin de chez lui et, dorénavant, quand sa mère lui demandait où ça en était, il répondait :

— Tu sais comment c'est… Les artisans, dans ce pays…

Et voilà qu'il avait devant lui cet énergumène de Gervásio Escarrapacha dans un ouragan de muscles et de santé rayonnante, peut-être pas là pour lui sauver la vie, mais pour la lui rabibocher avec son baratin racoleur et plein de certitudes, qui emportait tout sur son passage :

— Ciel, mon beau-fils !

Il disparut quelques instants, revint aussitôt, arborant un air grave. Il approcha une chaise, s'assit, et lui demanda dans un chuchotement confidentiel de grand frère :

— Explique-moi seulement une chose. Pourquoi diable voulais-tu des gants de chirurgie à cette heure de la nuit ?

Arnaldo balbutia une explication embrouillée sur les tortues, les salmonelles, les conflits familiaux. Le visage de l'autre passa de la surprise à un tressautement cramoisi de rigolade contenue. Puis il sortit, soudainement, plié en deux, se cognant contre la porte. Et Arnaldo entendit, de l'autre côté, des éclats de rire étouffés, et un « pfff… des salmonelles… » qui le déprimèrent encore un peu plus.

Tous les papiers, interrogatoires, reconnaissances et formulaires furent dès lors remplis sous le regard protecteur du flic providentiel, qui ne quitta la salle que quelques minutes, le temps d'aider à mettre en cellule un des assaillants. On rendit à Arnaldo son portefeuille, ses cartes, son portable. Et c'est accablé par sa nuit de cauchemar qu'il fut ramené par le jules de sa mère jusqu'à la station-service, lors d'une petite balade qui ne convenait ni à son caractère ni à ses goûts.

Gervásio Escarrapacha était fou de joie d'avoir rendu service à ce « beau-fils » si insaisissable et peu obligeant. Il s'assura qu'Arnaldo était suffisamment calme pour conduire, lui donna deux trois irritantes petites tapes dans le dos, proposa de l'emmener dans un bar qu'il connaissait pour qu'il reprenne tout à fait ses esprits, et, avec toute cette sollicitude, mit du temps à faire ses adieux. Dans son rétroviseur, Arnaldo s'aperçut qu'il le suivait, et cet accompagnement tutélaire se poursuivit jusque chez lui. Quand il se fut garé, l'autre passa à côté de lui en lui faisant un signe doublé d'un rapide coup de klaxon, comme une sorte de salut.

« Je suis dans de beaux draps, pensait Arnaldo en rentrant chez lui, ce genre de faveurs, toute une vie à 4 % d'intérêts annuels ne suffit pas à les payer. »

Il se jeta sur le canapé, rompu. Inquiète, la tortue tapa bruyamment contre les parois de l'aquarium. Arnaldo resta là un long moment, tout habillé, immobile, dans une pose dramatique, la tête enfouie dans le vieux canapé, bras et jambes disloqués. Mais Bárbara ne dormait pas.

— Arnaldo, dit-elle, tout bas. (Pause) Oublie pas de bien fermer la porte.

— Comment ça, pitié de lui ?

Clarinda faisait la tête, parlait sur un ton rageur, massacrant son clavier. Elle faisait des fautes, s'arrêtait, revenait en arrière, recommençait à taper encore plus fort.

— Mais tu n'as tout de même pas dormi dans le même lit que lui, j'espère !

Bárbara la rassura. Et elle, vindicative :

— Il n'aurait plus manqué que ça !

Elle voyait la fin de ce couple comme l'une des grandes victoires de son existence, et ne voulait sous aucun prétexte qu'elle soit compromise par la faiblesse de Bárbara.

— Mais, monsieur Ferragial ! Ce sont des problèmes liés au service. La facture est prête mais le « système » bloque.

Elle avait trouvé l'excuse du « système » quand elle allait déposer de l'argent à la banque. Et un jour, monsieur Ferragial était revenu des Impôts lui aussi désolé, parce que le « système » ne lui avait pas permis d'accéder à un document précis. Clarinda expliquait depuis lors par le « système » tous les retards du service, et son patron, bien que dubitatif, se taisait, parce qu'il ne comprenait rien à tout cela.

En ce moment précis, elle soupçonnait que dans le cœur de Bárbara se constituait une réserve de compassion à l'égard d'Arnaldo, et cela la contrariait et lui donnait l'impression d'être victime d'une ingratitude. Elle ne lui avait montré que de la bonne volonté, elle avait écouté ses confidences, elle lui avait prêté son mouchoir, elle avait dissimulé les fléchissements de son humeur à monsieur Ferragial, elle lui avait donné des conseils, mettant au jour la perfidie masculine, démystifiant, dénonçant, tirant au clair, trouvant toujours une parole juste et amicale, avec une bienveillante solidarité. Et là-dessus, l'autre en train de tout gâcher. En ayant pitié du mec, après ce qu'il lui avait fait, vous vous rendez compte. Et Clarinda était tellement convaincue de la justesse de sa fureur qu'elle l'exprimait dans les moulinets de ses doigts virevoltant sur les touches, qu'elle fustigeait implacablement, indignée, comme le catéchiste qui voit ses néophytes retourner aux faux dieux.

Mais si quelqu'un, pointant sur elle un index inquisiteur, lui avait demandé d'une voix ferme : « Mais dites-moi, qu'est-ce qu'il a fait de mal, au juste, ce garçon ? », elle aurait eu quelque difficulté à répondre à la question, et se serait au mieux réfugiée dans une *ignoratio elenchi*, un de ces sophismes à la mode, en marmonnant quelque chose du genre « tout ce qu'ils veulent c'est… » avant de changer de sujet.

Or, sa collègue ne lui avait pas tout raconté, plus par lâcheté que par prudence. Clarinda se serait évanouie de rage si elle avait su que Bárbara, avant de renvoyer Arnaldo sur le canapé, s'était passé tristement une main sur le visage, chassant d'un délicat mouvement circulaire les vestiges d'une larme qui humectaient encore ses paupières.

Les choses s'étaient passées de la façon suivante :

Après avoir fermé la porte, comme Bárbara le lui avait demandé, Arnaldo s'était tourné et retourné dans le canapé et avait poussé un profond soupir, parvenant non sans mal, en se comprimant l'œsophage, à arrêter une onde de sanglots qui montait inexorablement. Et voilà-t-y pas que son portable, qu'il avait posé sur la petite table, se met à sonner et tourner sur lui-même en trépidant comme une mouche folle, au son d'une musique techno rythmée par des glapissements.

Arnaldo décrocha et entendit une voix de gros dur brésilien, traînante, qui l'appelait « connard », et dont tout laissait penser que son émetteur en avait ras la casquette, et que s'il ne lui refourguait pas le blé dans la demi-heure, « ouèch, ton compte il est bon, putain de ta race. T'aus vu ? » Sur ce, alors qu'il n'en était pas encore revenu, une femme prenait le téléphone : « Fais ce qu'y te dit, ça sent l'cramé, t'aus vu. » Et, à nouveau, la gouape : « Une demi-heure, OK ? »

Il pénétra d'un bond dans la chambre conjugale, faisant sursauter Bárbara et tomber de la commode à grand fracas le cadre avec la photo de la grand-mère.

— Mais qu'est-ce que je vais faire, moi, mais qu'est-ce que je vais faire ?

— Rendre ce téléphone, par exemple, répondit Bárbara, toujours persuadée que c'était une affaire de jupons.

C'est à ce moment-là seulement qu'Arnaldo se rendit compte qu'au poste, ce n'était pas son portable qu'on lui avait restitué mais celui de l'un des assaillants, et il en éprouva une immense reconnaissance pour Bárbara. Du coup elle avait pris un air tendre, presque compréhensif. Mais elle le força à retourner au canapé, où toute la nuit il fit des rêves agités, traversés de cris, brouhaha et coups de poing sur une table.

Au petit-déjeuner, Bárbara avait eu à nouveau pitié de lui. Elle l'avait regardé du coin de l'œil, et s'était sentie toute triste en le voyant mâchouiller sa tartine, mal réveillé et absent. Avant de partir, elle lui avait donné un rapide baiser sur le front avant de filer.

Mais elle ne raconta rien de tout cela à Clarinda. Elle se contenta de lui parler du hold-up et de dire, sans avoir l'air d'y toucher, qu'elle avait plaint son mari comme tout autre être humain, évidemment, rien d'autre.

— Tu as téléphoné à la police ? On t'a confirmé les faits ?

— Quelle idée ! Il avait encore l'air si paniqué quand il est rentré !

— Oh mais tu n'imagines pas de quoi ils sont capables.

Et Clarinda se mit à pérorer sur la fourberie masculine, s'étendit, se référa à des cas précis, en inventa, concocta un collage de films et d'articles de la presse du cœur, et se montra inflexible, du haut de sa flatteuse expérience, qui se composait plus ou moins d'un seul homme.

— Avec tout ça, dit Bárbara, on n'est toujours pas débarrassés de la tortue.

— Méfiance, c'est peut-être un truc…

Mais Bárbara montrait cette obstination des âmes ingénues qui, bien qu'elles en racontent plus qu'elles ne le veulent, et en entendent plus qu'elles ne le souhaitent, se bloquent sur une idée, une image, une impression, dont personne ne peut les détacher, quels que soient les arguments, les discours, les foudres et les imprécations. Elle avoua que, malgré tout, elle n'était pas si pressée que ça de se défaire de la tortue, qu'elle s'était prise d'affection pour la bestiole, encore qu'elle ne fût pas très communicative. Enfin, pas autant qu'un hamster, ou même un de ces lapins nains qui adorent ronger les fils électriques, se prendre du courant et péter en même temps que les plombs.

— Fais bien attention, dit Clarinda, qu'il ne se serve pas de la pauvre bête comme d'une arme.

Bárbara, dans son for intérieur, trouvait qu'elle exagérait. Peut-être Arnaldo se montrait-il insupportable, difficile à comprendre, et même ergoteur, mais de là à être un monstre, capable de manipuler des sentiments par le biais d'animaux interposés, on en était à cent, voire mille lieues.

Après le déjeuner, Clarinda prétexta qu'elle allait faire une course et revint de la pharmacie, de la droguerie, de la Bagatela[12] et de chez le Chinois avec quatre boîtes de gants de chirurgie, qu'elle disposa avec froideur sur le bureau de Bárbara, perversement alignées. Elle était prête à tout.

— Je te dois combien ? demanda Bárbara, un peu gênée par cette démarche si expéditive qui soulignait sa propre apathie.

— Quand tu te seras délivrée de ce boulet, tu me paieras, répondit l'autre.

Bárbara n'était pas sûre de comprendre si elle parlait de la tortue ou d'Arnaldo. D'ailleurs monsieur Ferragial l'appelait pour vérifier un bilan synthétique, et elle n'eut plus jamais l'occasion d'éclaircir ce doute.

Pauvre tortue sans nom, regardant droit devant elle, dans son aquarium en acrylique terni, heureuse qu'on lui ait fourni de l'air pour respirer, un espace où se mouvoir, une eau limoneuse, une nourriture lancée de suffisamment haut. Si je suis bien informé sur la vision des chélonidés, mieux outillée pour voir de loin que de près, elle devait pouvoir distinguer, passant en transparence, des ombres grisâtres et des mouvements de clair-obscur. Des voix et quolibets sardoniques environnants elle ne devait percevoir que les vibrations négatives. Rien d'autre ne pouvait lui parvenir. Quelque part il y avait sans doute, facteur de trouble, l'appel ténébreux et plaisant de vastitudes

12. La Bagatela est une boutique trouve-tout à Lisbonne. (NDT)

marécageuses, bruissements d'insectes, flèches de soleil au sein des brumes, au-dessus de confortables eaux sombres, douces, profondes et sans chlore.

Et c'est ainsi que les tenants et aboutissants de cette tortue confinée dans son compartiment exigu, autorisée à bouger ses membres et sa tête, et même à se cogner contre les parois de l'aquarium, évoquent la condition humaine, libre de s'ébattre dans ses limites, mais ne faisant que pressentir, sans les comprendre, et sans en atteindre la véritable nature, les voix, les rumeurs et les fulgurations tout autour.

Éloignez-vous de la terre de cinquante kilomètres, dépassez la stratosphère, abandonnez la gravité, ce qui est en haut sera pareil à ce qui est en bas, accomplissant ainsi la célèbre maxime d'Hermès Trismégiste, dont l'exactitude ne peut cependant être prouvée qu'en ayant recours à de puissants moteurs. Reculez jusqu'à l'explosion primordiale, et le mot « avant » n'aura plus de sens, parce qu'il suppose l'existence même du temps, qui seulement alors (« seulement alors ? ») a été créé, pensez de ce fait à l'insuffisance de la prose pour atteindre ces réalités complexes, qui s'insinuent au cœur de l'ineffable.

Eh bien il se trouve que l'origine de la mésentente entre Arnaldo et Bárbara est aussi mystérieuse et inaccessible aux sens que le Big Bang, ou les formules de l'ésotérisme hellénistique. Qu'y avait-il avant le commencement ? Personne ne le sait. La terre est-elle au-dessus ou au-dessous du soleil ? Peu importe. Tant Arnaldo que Bárbara passaient une bonne partie de leurs moments les plus intimes à essayer de reconstituer la façon dont tout cela avait commencé : le mot le plus aigre, le geste trop brusque, le sarcasme, le manque de délicatesse, l'indifférence, en somme l'attentat premier, la *causa movens* de cette spirale prête à s'emballer. Mais ils n'y arrivaient pas : ce qui leur venait à l'esprit était toujours des causes secondes, des circonstances aggravantes, piques et comportements qui s'étaient accumulés en prenant de l'ampleur, comme des pierres que l'on jette dans un puits et qui, à force, font la différence jusqu'à ce que l'eau déborde.

Et si chacun d'eux était parfaitement capable d'élaborer une liste complète des fautes de l'autre, aucun des deux ne pouvait, en toute conscience, garantir qu'elles n'étaient pas une réponse à une provocation antérieure, qui à son tour se justifiait à cause de tel mot déplacé, qui, quant à lui… Ces âmes, qui n'étaient même pas médiocres, ne réussissaient au plus qu'à produire le bruit du moulinet d'une crécelle, comme la fourmi qui a une patte prise dans la neige et qui demande au soleil de faire fondre la neige, etc.[13].

Chaque jour qui passait, les choses avaient tendance à s'aggraver, et le travail de mémoire lui-même, remuant et faisant remonter à la surface des scories et des impuretés, certaines d'entre elles enfouies depuis longtemps, et même antérieures au mariage, était un facteur de malaise et d'éloignement. Comme pour tout dans la vie, le souvenir des bons moments était étouffé par celui des mauvais, parce que l'obscur est plus fort que la clarté, et que la ténèbre est l'état de repos naturel, qui n'exige ni effort ni énergie.

Et surtout, il n'y avait chez ce couple aucune maturité qui permît l'exercice réciproque de l'apaisement. Prenaient le dessus, d'un côté, les exigences d'un amour-propre qui ne pouvait trouver de meilleur terrain pour entrer en action ; de l'autre, la crainte en

13. Allusion au conte *La petite fourmi qui allait à Jérusalem et la neige.* (NDT)

soi de l'échec, au cas où l'effort de conciliation serait un faux pas, qui causerait malentendus et autres conséquences problématiques.

— Tiens voilà les gants, informa Bárbara, prenant un air distrait et indifférent, en les jetant sur la table.

— Ce soir non. Je suis très fatigué, répondit Arnaldo.

Et il l'était vraiment. Résoudre l'échange des portables avait entraîné une pénible cascade de tribulations, et tout l'après-midi perdu.

Mais le lendemain ne se passa pas mieux, si l'on considère qu'il y avait une certaine normalité dans la guerre de positions, déjà longue, entre Arnaldo et Bárbara. Clarinda manqua au travail et téléphona de Fogueteiro pour dire que sa mère ne se sentait pas bien. Elle était allée à l'hôpital mais on l'avait renvoyée chez elle, et Clarinda devait s'en occuper en attendant que ses frères obtiennent de la vieille qu'elle leur donne le code de sa carte du Multibanco et le numéro de son compte bancaire. Et Bárbara se retrouva au travail, sous la tutélaire présence de monsieur Ferragial qui imprégnait l'atmosphère d'austérité et de silence, comme s'il avait exhalé une fine limaille de fer rendant toute chose grisâtre.

En l'absence de Clarinda, un certain ramollissement, une certaine distraction sapaient le militantisme de Bárbara. Elle se mettait à considérer Arnaldo de façon plus positive, elle se rappelait son sourire, la gaucherie de ses gestes, sa timidité, les bons souvenirs remontaient à la surface, planant dans l'air comme les senteurs de la forêt quand la brume se dissipe et les libère.

Les messages sur Facebook ne lui donnaient à voir que des gens égocentriques et sans intérêt, pires encore que l'incessant papotage de Twitter. Le jeu de patience Spider n'avait plus de secrets pour elle, et le courrier de l'entreprise était peu volumineux. L'esprit de Bárbara vagabondait sans que monsieur Ferragial – l'œil hypnotiquement fixé pendant des heures sur un catalogue – s'aperçût de rien. Elle déjeuna avec ses collègues, le même pot-au-feu à la portugaise que tous les jeudis, essayant de répondre aimablement au furieux besoin de monopoliser la conversation de chacun d'eux. Celui-ci sur ses troubles de la prostate, celui-là sur les pigeons voyageurs, l'autre sur les contrats de travail collectifs.

Au retour, elle se rappela sa mère des années auparavant, sur son lit d'hôpital, lui souriant comme si elle était déjà en train de la contempler de très, très loin, son cher visage illuminé contredisant son pauvre corps amaigri, tout en os, et las de résister. Et elle le lendemain, à l'église, désemparée, la clé d'un cercueil à la main. Elle s'en était voulu alors des contrariétés, des petits déplaisirs qu'elle avait causés à sa mère, si peu justifiés. Elle la revoyait lui disant, avec une douceur résignée : « Les hommes quand ils sont là, on n'en a rien à faire, quand ils ne sont pas là, ils vous manquent. » Et Arnaldo, s'il se mettait à lui manquer ? Si elle regardait objectivement les réalités, en les pesant une à une, elle n'avait peut-être pas toujours été juste à l'égard de son mari. Elle se voyait parcourant les allées du cimetière, se retrouvant devant une triste stèle, avec cette inscription, juste à côté de la statue d'un ange : « Arnaldo Vargas ». Elle essuya une larme dans un Kleenex et se moucha :

— Cha ne va pas, petite, il y a un problème ?

— Non, non, monsieur Ferragial, tout va bien…

— Churveillez-moi cha…

Plus ou moins à cette heure-là, Arnaldo se lançait dans une opération de représailles que l'on peut qualifier de téméraire, étant donné son physique fluet et son caractère réservé.

Cela commença en bas de l'ascenseur, au moment où cet énorme, ce joyeux drille de Quintão Malpique inséra sa grosse patte velue entre les portes et bloqua le capteur, les empêchant de se refermer. Arnaldo fut le seul à ne pas rire quand le type sortit sa grande phrase : « Hé ! Hé ! plus on me pense Prosper, plus je Yop'la boume ! », suscitant des commentaires du genre « Mais où il va chercher tout ça ! », « Notre Malpique, c'est pas rien ! » Et il le fixa au contraire furibond, quand celui-ci lui donna une grande tape dans le dos, et lui prit ensuite le bras avec une familiarité qu'il n'était nullement disposé à lui accorder.

Mais l'affaire n'en resta pas là. C'était jour de grabuge chez les dieux, là-haut, quand ils marchent de travers, ont la tête ailleurs et commencent à s'emmêler les pinceaux et à patiner dans la choucroute. La distance de sécurité à laquelle Arnaldo tenait Quintão Malpique, à cause d'une impalpable antipathie provenant d'une incompatibilité de tempéraments, était en général préservée, non seulement par les parois de verre des bureaux, mais par ses déplacements précautionneux qui évitaient de s'approcher quand l'autre faisait sa grande gueule à la cafèt, à coups de grasses plaisanteries.

Ça y est, ami lecteur, vous l'avez en tête, ce type de Portugais plus large que haut et suffisant, gai luron et sans gêne, enclin à la calvitie avec des sourcils en balai de chiottes, un rire gras, un pelage frisé sur tout le corps, amateur de calembours et grosses blagues, mufle avec les plus faibles, déférent avec les supérieurs, définitivement imperméable aux notions basiques de décence et de bonne éducation ? Un personnage digne des *Métamorphoses*, dans lequel s'hybrident le crétin des Alpes invétéré et l'abruti de naissance ? Non, vous ne l'avez pas en tête ? Alors, c'est parce que ce Quintão Malpique était une rareté et il convient donc, en passant, de l'examiner de plus près en tant que spécimen unique.

Si on lui avait demandé pourquoi il s'était plaint à la police, par lettre anonyme, d'une petite vieille qui faisait sécher ses couvertures à l'arrière de son immeuble sans que cela dérange personne, et moins encore les employés d'une entreprise qui n'habitaient pas là, il aurait répondu en riant : « Seulement pour faire chier. » De la même façon, quand il téléphonait à la mairie en déguisant sa voix pour dénoncer un voisin qui faisait clandestinement des travaux dans sa salle de bains, c'était « seulement pour faire chier ». « Seulement pour faire chier », il bloquait l'ascenseur au neuvième étage pour qu'un couple de gens âgés avec leur vieux chien soit obligé d'ahaner dans les escaliers.

Il se réjouissait, évidemment, d'enquiquiner les autres. Une action dont le but était de « faire chier » lui paraissait absolument justifiée, dès lors que ce n'était pas lui qui en pâtissait. Une imagerie populaire – d'ailleurs fausse et calomnieuse – qui attribue l'incendie de Rome à Tibère Néron Œnobarbe, lequel aurait ensuite célébré la catastrophe au son de la cithare, illustrerait assez bien le caractère de Quintão Malpique, moins le côté artistique.

Depuis qu'il avait découvert Internet, assez tardivement d'ailleurs, c'était le branle-bas de combat, il était dans une joie pure. Il passait une bonne partie de ses heures de service à écrire des commentaires anonymes sur les blogues des autres et sur les pages dédiées. Il appréciait tout particulièrement les journaux et leurs colonnes de *posts*.

Voici un exemple d'une contribution de Quintão Malpique au débat national, que l'on peut retrouver aisément dans la presse en ligne, sur la question aujourd'hui oubliée des subventions au cinéma portugais :

*Ces gars-là tout ce qu'ils veulent c'est s'en fourrer plein les poches !!! Plein le cornet !! Des banquets avec de la langouste à Nice, à Cannes, en profitant des largesses de l'État et de l'argent du contribuable. Et tout ça en haut de l'échelle, à pomper dans le budget sur le dos du populo, de Zé Povinho*[14]*, et à foutre en l'air nos picaillons avec des navets que personne ne comprend et que personne ne voit. Pigé ? On devrait tous les envoyer ramasser des patates – les bonnes femmes, repriser des chaussettes –, pour voir si ça leur donnerait des cals aux mains et les rendrait utiles au peuple, car c'est lui qui commande. Vu ? Le professeur Salazar, lui au moins, il avait de la jugeote et donnait au peuple ce que le peuple voulait.*

Les lecteurs plus avertis se souviendront d'un journal intitulé *A Corneta do Diabo*, « La trompette du diable », où sévit un certain Palma Cavalão, journaleux à scandale, auteur d'un article ignoble intitulé « Salut, m'sieur Maia ! », et qui est une création du grand Eça de Queiroz[15] : eh bien, les

14. Caricature du dessinateur Rafael Bordalo Pinheiro, parue pour la première fois en 1875, le personnage de Zé Povinho est devenu avec le temps l'incarnation du petit peuple portugais. (NDT)

15. Palma Cavalão est un des personnages secondaires du plus grand roman d'Eça de Queiroz, *Les Maia* (1888), traduit en français par Paul Teyssier, Le Club français du Livre, 1956, traduction reprise par les Éditions Michel Chandeigne, 1996, où l'on trouve le passage concerné – un billet calomnieux ignoble – dans le chapitre XV, p. 587. (NDT)

grands esprits se rencontrent, comme dit le proverbe, et ils ne se rencontrent pas seulement dans l'espace, mais aussi dans le temps. Presque cent cinquante ans après, les échos stridulés de la *Corneta do Diabo* résonnent quotidiennement sur Internet où se déverse un tombereau de commentaires ignobles, quolibets, calomnies, mystifications et grossièretés dus à la verve d'un Quintão Malpique et de milliers de ses confrères, et à l'abri du même anonymat.

La vérité est que ce n'était pas pour cette raison qu'Arnaldo exécrait Malpique, ni à cause de son trop-plein d'exubérance, même si lui-même était plutôt réservé. C'était surtout parce qu'il le soupçonnait d'avoir conçu et mené à bien ce coup fourré du déjeuner avec l'impeccable Cintialina.

Or, soit que les lavabos communs fussent en panne, soit que Quintão Malpique ait eu à remettre un dossier dans un bureau non loin, soit qu'ait éclaté un de ces hasards fabriqués par le destin, aux conséquences toujours tragiques ou burlesques, ils se rencontrèrent tous deux nez à nez à la porte des toilettes réservées aux chefs.

— Alors, ça boume ? claironna le personnage, dans un grand élan jovial. Faut profiter de la vie, mon pote ! On sait bien que « la femme, c'est comme le verre, c'est du fragile ». Mais mon arrière-grand-père disait aussi : « La femme c'est comme la mule, c'est le bâton qui les guérit. »

Et, changeant de ton :

— Alors avec Cintialina, c'était comment, hein, hein ?

— Non mais, de quoi je me mêle ! On a gardé les cochons ensemble ?

Quintão Malpique en resta comme deux ronds de flanc, la bouche en forme de croissant à l'envers, un geste vague suspendu en l'air. Arnaldo était deux fois moins grand que lui et ses cheveux grêles, sa cravate démodée, son costume inoffensif en prêt-à-porter (grande surface), ses traits pâles et fins ne laissaient aucunement présager la fougue avec laquelle il avait réagi. Manque d'expérience de la vie : les gens qui vivent pour la galerie intériorisent peu de choses et en gardent encore moins, de sorte que ce Quintão Malpique se comportait comme s'il n'avait jamais entendu parler des fureurs dévastatrices des timides. Il n'avait pas lu *Objectif Lune*, de Tintin, il ne savait pas qui était le professeur Tournesol… Toujours est-il qu'Arnaldo le poussa avec force contre la porte des toilettes, et que l'autre laissa sa grosse masse se déséquilibrer en reculant dans un pas de deux funambulesque qui prit fin seulement lorsqu'un autre collègue vint à son secours.

— Hoho, Arnaldo, hoho, Vargas, du calme !

Il fallut qu'un troisième collègue ceinture Arnaldo pour que celui-ci cesse d'avancer les poings dressés, avec un rictus sanguinaire. La tornade déclenchée fut vite étouffée de peur qu'il y ait des répercussions au plus haut niveau. Même ceux qui ne participèrent pas directement à l'action remarquèrent que, bizarrement, cet après-midi-là, Quintão Malpique était très absorbé par son travail et s'abstenait de ses aphorismes coutumiers, lésant ainsi considérablement la vie spirituelle de ce petit cercle.

En fin de journée, la mère d'Arnaldo téléphona.

— Qu'est-ce que tu me chantes ? répondit sa mère à l'autre bout du fil. Alors là, il ne manquerait plus que ça.

— Mais, manman, ça tombe vraiment mal, je dois ramener plein de boulot à la maison.

— Comment ça, plein de boulot ? Je vais parler à ton chef, moi. Tu veux que je parle à ton chef ?

— Non, maman, surtout pas.

— Et dis-moi, tu as récupéré la galette du fauteuil ?

— Je pense qu'elle est prête, mais je sors si tard du travail dernièrement que je trouve l'atelier fermé.

— Quand tu pourras…

La mère d'Arnaldo ne cherchait pas querelle. Son coup de fil était impératif. Elle avait acheté un ordinateur portable, le flic l'avait initiée aux vastitudes de l'Internet où elle avait repéré un site de cuisine portugaise dont elle exécutait les recettes une à une, entourée d'une ribambelle de machines ultramodernes. Le samedi qui venait, elle avait prévu un bouillon de poule avec abats pour malades, plat succulent de Figueira da Foz, dont elle comptait faire la surprise à son fils, persuadé depuis toujours que sa mère ne savait faire que des œufs brouillés au jambon cru et de la soupe Knorr. Le flic n'était pas un grand fan des plats de sa compagne, et, dès que c'était possible, préférait déjeuner à la cantine ou manger ses sandwichs habituels. Mais elle s'était mis ça dans la tête, la contrarier aurait été trop fatigant.

Ce soir-là, Arnaldo et Bárbara regardaient la télé, chacun dans un coin du salon, devant des restes de sandwich à la mortadelle pour l'un, au thon pour l'autre. Ils suivaient une de ces interminables histoires que les télés vous offrent à l'heure du dîner et auxquelles on donne le nom de telenovelas, feuilletons télévisés qui semblent destinés tout exprès et fort habilement aux gens qui laissent leur esprit vagabonder loin du rectangle lumineux sur lequel ils ont les yeux fixés, comme c'est le cas pour les couples qui sont mal en point et ne savent plus très bien pourquoi. Les situations, les paroles elles-mêmes sont habilement répétitives, de telle sorte que, pour distrait que l'on soit, il est extrêmement improbable que l'on perde le fil de l'histoire. Ce serait différent si la télévision, dans un élan novateur, se consacrait aux chronovélèmes, invention de certain auteur dont je révélerai le nom pas plus tard que demain.

— Alors, tu y vas, oui ou non? dit Bárbara, désignant la tortue, qui faisait à ce moment-là de somnolents exercices natatoires.

Elle avait l'espoir qu'Arnaldo proteste, propose une trêve ou, au moins, retarde la décision.

— Tu connais ma mère, elle ne supporte pas les refus. Si on lui dit qu'on ne vient pas, elle est capable d'envoyer le flic nous chercher.

— Je parlais de la tortue, répondit Bárbara, comprenant immédiatement qu'Arnaldo faisait la sourde oreille.

Et elle lui tendit la boîte de gants.

— Ça ne me dit rien. De ma vie je n'ai mis des gants de chirurgie.

— Moi je sors la bestiole, et toi tu la transportes, ça te va?

— Et pourquoi pas le contraire?

— Franchement: tu m'imagines de par les rues, avec une tortue dans les mains?

— Alors on y va tous les deux.

Bárbara comptait sur une plus grande résistance et aurait préféré que l'organisation du destin de la tortue reste en suspens. Mais il était trop tard. Affaire conclue. C'est donc après avoir mis sa veste que Bárbara, relevant ses manches, enfila les gants de chirurgie, et d'un air vaguement dégoûté plaça la bestiole, rentrée dans sa carapace et pleine de bonne volonté, dans le sac en plastique du Miniprix.

Dans la voiture, tous deux avaient un air sinistre.

— La pauvre bête, dit Bárbara. Qu'est-ce qu'on fait de l'aquarium ?

— On le vend.

— À qui ?

La conversation s'arrêta là jusqu'au Campo Grande. Tous deux avaient conscience que, la tortue disparue, ce problème qui les rapprochait cessait d'exister.

Dans nos rues au crépuscule, il y a une telle noirceur, une telle mélancolie…[16], et au XXI^e^ siècle, Cesário mon ami, il y a peu d'amélioration. Les municipalités font des économies sur l'éclairage, parce qu'elles se sont mis dans la tête que les habitants rentrent chez eux le soir excédés par la célèbre lumière de Lisbonne et veulent se reposer les yeux et les sens.

Et s'il en va ainsi pour les places historiques comme le Rossio avec ses ombres profuses, et pour les vieux quartiers dont les ténèbres sont celles d'une épaisse forêt, l'atmosphère se fait plus sombre encore quand il s'agit d'illuminer des plantes, des pelouses, des bêtes, des espaces vides, de vastes étendues d'eau, qui jamais ne déposent plainte ni n'écrivent aux journaux. Je n'ai jamais eu l'occasion de me promener dans le superbe Jardin zoologique la nuit, mais ces immensités doivent reproduire l'obscurité de la savane, traversée par les éclairs fugaces du regard des animaux sauvages.

---

16. Célèbres vers du grand poète portugais Cesário Verde (1855-1886), tirés de *O Sentimento dum Ocidental* : « *Nas nossas ruas, ao anoitecer, / Há tal soturnidade, há tal melancolia, / Que as sombras, o bulício, o Tejo, a maresia / Despertam-me um desejo absurdo de sofrer.* » ([…] Que les ombres, l'effervescence, le Tage, le fraîchin / Éveillent en moi le désir absurde de souffrir.) (NDT)

Or « l'obscur a sa vie propre », oui, il l'a. Dans une célèbre scène de *The Bad and the Beautiful*, un Kirk Douglas sans scrupules convainc un metteur en scène rétif, Barry Sullivan, de suggérer plutôt que de montrer, en tenant compte des bas coûts de production, parce que l'allusion résonne dans les couches les plus profondes de notre esprit. Il semble que nous conservions cette crainte ancestrale qui paralysait nos ancêtres, recroquevillés et silencieux derrière une levée de terre ou dans l'ombre des frondaisons, transis par le craquement des branches, l'imperceptible chute des feuilles, le souffle de présences furtives. Ou sur le qui-vive à cause d'ombres frémissantes sur les eaux en éveil d'une mare tandis qu'une méchante brise vibre d'un mur à l'autre dans l'obscurité et rebrousse les branches qui s'inclinent dans un clair-obscur en noir et blanc.

Pour toutes ces raisons, il n'est pas facile d'abandonner une tortue dans le lac du Campo Grande, quand les lumières de la ville s'éloignent et flottent, distraites, là-bas très haut, tandis qu'on avance, lourdement, en enfonçant les pieds dans des monticules de terre, faisant crisser l'herbe, créant autour de soi un halo de crépitements capable de réveiller n'importe quel tigre à dents de sabre en liberté.

— Mais il est où, ce lac ? Il y avait bien un lac, ici ! se désespérait Arnaldo, les mains crispées sur le volant. Ça fait bien longtemps que je ne suis venu dans ces parages.

Bárbara essayait d'aider, mais l'obscurité, considérée normale en soi pour un parc à Lisbonne, était encore plus dense, certaines ampoules ayant claqué, et Arnaldo s'énervait contre les voitures qui lui faisaient des appels de phares. Il réussit à se garer, plus ou moins en bataille, et eut droit au coup de klaxon en infraction d'un automobiliste nocturne qui voulait toute la route pour lui.

— Va voir, dit Bárbara.

— Dis donc, déjà que c'est moi qui conduis… On largue la bestiole ici, elle trouvera bien son chemin.

— Mais je ne sais pas si le lac est toujours là. Je n'y vais plus depuis toute petite. Je ne peux pas laisser la bestiole comme ça. Elle n'est pas habituée à marcher à l'air libre. Elle peut se faire écraser.

— Alors, vas-y, toi !

— Moi, dans cette obscurité ? Tu rêves !

Arnaldo ouvrit la portière, sortit, buta sur une clôture basse en fil de fer, se remit d'aplomb et s'avança dans les herbes, il eut encore le temps d'entendre Bárbara, de l'intérieur de la voiture, se plaindre :

— Tu me laisses comme ça, toute seule ?

Ce qui va bientôt se passer exige une brève digression afin qu'on puisse suivre au plus près les événements. Un détenu d'une certaine prison modèle s'était laissé persuader par trois compagnons de cellule aux arguments convaincants de collecter un matériel précis, soigneusement emballé et scellé par de larges bandes de ruban adhésif, et protégé de l'humidité par des plastiques tout spécialement testés. Il fallait profiter de la permission de courte durée de l'homme, qui accomplissait une peine ridicule de six ans. Comme il avait un comportement exemplaire en prison, on lui avait accordé deux jours pour voir sa famille.

Il se trouve que ce soir-là la police, faisant sournoisement preuve d'une défiance impénitente, s'intéressa aux déplacements dudit, la nuit, du côté du Campo Grande. Leur curiosité devint irrépressible quand ils le virent s'approcher d'un de ces auvents verts munis d'une petite rampe d'accès, où les canards ont l'habitude de dormir. Fut mis en place tout autour un ingénieux système, que certaines imaginations fertiles pourraient comparer à une embuscade dans la jungle. Il est vrai que le bénéficiaire de la permission de courte durée se servait d'une de ces mini-torches chinoises LED qui sur légère pression projettent un infime rai de lumière, pareil au jet des anciens pistolets à eau de Carnaval, ce qui était bien commode pour ceux qui le suivaient. Mais cela ne ternit en rien le mérite de cette opération dans les règles de l'art.

— Attention à la Renault Twingo qui vient de s'arrêter. Y a un mec qui en sort. J'écoute.

Le commissaire chuchotait, collé au mirobolant laryngophone de la police.

— Cible localisée. J'écoute.

L'action dès lors se précipita. Les canards se lancèrent dans un tonitruant concert de coins-coins, que, théoriquement, personne n'aurait dû entendre dans ces lointains parages, et auquel notre explorateur ne s'attendait nullement. L'homme, après avoir projeté en cercle la lumière de sa torche, entra dans la petite casemate en jurant, parce qu'il était trempé et englué dans la vase et les plumes jusqu'aux genoux, avec deux paquets dans chaque main, et quatre autres sous les bras, quand il se retrouva face à face avec Arnaldo qui, surpris par ce magma essoufflé, stoppa net, le regard fixe.

— Avancez, mes gaillards, ordonna le commissaire d'une voix contenue mais ferme.

S'abattirent sur Arnaldo et sur l'autre des masses musculeuses fermes et dures, dont le solide impact était celui de plusieurs sacs de patates de cinquante kilos, projetés depuis quatre mètres par des catapultes spéciales. Et cela dans un tonnerre de vociférations de la fin du monde, auquel répondirent les canards, encore très affectés par l'offense faite à leurs demeures.

— Mais c'est encore toi, là ?

Et le flic Gervásio Escarrapacha, entre quat'z'yeux, se mit à hurler sur Arnaldo, dans une avalanche de postillons qui cessèrent vite d'incommoder ce dernier, car il s'était évanoui.

*Tchap*, fit la tortue en tombant dans l'aquarium, fort tard déjà, ce petit matin là.

— Heureusement c'est samedi, dit Bárbara, le sac en plastique contre sa poitrine, de façon à le plier en quatre pour le glisser dans l'armoire à provisions entre des paquets de riz et de farine, comme c'était son habitude.

— J'ai besoin de dormir. Laisse-moi dormir.

Il se jeta sur le lit, ronchonna, se débattit, mais finit par accepter que Bárbara lui enlève ses chaussures et son pantalon, pleins de boue et d'herbes collées. Et il resta là, sans défense, les bras en croix. Bárbara, quant à elle, s'en alla dormir sur le canapé, sans chercher à savoir à cette heure matutinale si c'était son tour.

Il avait été particulièrement difficile de convaincre la police qu'en ce qui concernait Arnaldo, il s'agissait seulement de libérer une tortue nullement engagée dans cette affaire. Ces mauvais esprits, pétris de méfiance, n'acceptèrent d'y croire, non sans de fortes réticences, qu'après la déposition du commandant de leur unité opérationnelle, qui appelait le suspect « mon beau-fils », et lui donnait de petites tapes amicales sur la nuque.

— Bon, vous pouvez y aller, mais vous vous maintenez à disposition, lui avaient-ils signifié.

Après d'innombrables formalités et l'audition de Bárbara, Arnaldo, averti qu'il devait s'abstenir de croiser à nouveau les chemins de l'autorité, avait enfin été libéré. Il prit le volant, tombant de sommeil, et en même temps les nerfs en boule. Il murmura :

— Encore heureux qu'ils n'ont pas demandé si c'était une espèce protégée.

Voilà la belle Avenida de Roma, ni grande ni petite, ni large ni étroite, condensé de mesure et de modération dans ses volumes, ses lignes, sa dimension, sa couleur.

Voilà ses beaux trottoirs de petites pierres de liais réticulées, faisant briller les façades quand le soleil les frappe, ou les reflétant en fluorescences multicolores quand elles ruissellent de pluie.

Voilà l'élégance de ses couleurs passées, verts et roses pastel paisibles, ses immeubles discrètement bien élevés alignant leurs harmonies bourgeoises, distinguées, privées, bonnes marques, bons collèges, sans doute plus réputés que bons, affaires louches, vie secrète, cols roulés, vestes en tweed, velours côtelés chers, livres en français. S'impose une impression de clarté, la netteté des contours, la contention des formes, un milieu de siècle qui perdure dans la décadence mélancolique des vieux *snacks* aux angles de cuivre terni, châssis de vitres embrumées, boiseries vermoulues. Les boutiques des années cinquante, qui ont gardé leurs tiroirs en formica, cohabitent avec la sophistication d'un goût presque douteux des vitrines chères, avec leurs noirs étincelants, leurs fuchsias, leurs lilas, qui glissent vers le modernoïde. Les étals de fruits et les épiceries d'antan, les derniers cordonniers maniant l'alène, tapis dans leurs caves comme les souffleurs des anciens théâtres, alternent avec les façades stéréotypées des banques, leurs énormes panneaux qui vous allèchent ou vous menacent, gâchant au ras du sol la beauté infinie de la chaussée blanche et la sobre sérénité des portails.

Cette avenue, aucune patine ne peut l'abîmer, car elle a refusé la lourdeur des ornements et des volutes qu'arbore la vieille courtisane fanée qui n'a plus rien à donner si ce n'est ses apprêts. Tout en elle dit l'entre-deux âges simple et de bon goût, moyenne gamme, couleurs discrètes, loin du gris-plomb des villes du nord criblées de moisissures, loin de la vivacité espiègle du sud, loin de la vieillesse tristounette des métropoles riches, loin de la décadence, du renoncement de celles qui sont pauvres.

Au-dessus de certains portails, des figures sculptées, des bas-reliefs, très stylisés, vaguement allégoriques, l'artiste ayant conscience que l'on n'était plus aux temps arcadiques. Même chose en haut de certaines façades, où de petites statues hiératiques contemplent l'éternité, avec une moue lasse, parodie maussade et pâlichonne de l'air grave d'empereurs et consuls d'autres ides.

Voilà Lisbonne, la douceur de son tracé, ses pierres qui renvoient une lumière unique, cité d'un monde idéal pour flâner, se perdre et réapparaître.

Voilà, ci-dessus, un bref *morceau de bravoure**, dédié à l'Avenida de Roma, à cause de l'amour irrésistible que j'ai pour elle, avec la promesse qu'un autre jour je ferai la louange de la personnalité bon enfant de Campo do Ourique, des rues en pente chargées d'histoire de Graça, des moustaches républicaines et *carbonari* de Penha de França, et des lieux où je me suis jadis promené «joyeux et fringant[17]» comme dit l'autre.

Or, ce samedi, à peu près à l'heure du déjeuner, c'est précisément Avenida de Roma qu'Arnaldo et Bárbara, soucieux, déambulent sur les vastes trottoirs, visiblement de mauvaise humeur. Ils ont laissé la voiture loin, car il a fallu prévoir une place de stationnement qui ne puisse être bloquée par un de ces petits malins profitant de l'aimable tolérance dont fait preuve, tout particulièrement en fin de semaine, la police lisboète.

— Avec tout ça, on n'a pas eu le temps d'étudier les vins. Ma mère va s'en rendre compte.

Ils avaient depuis longtemps échafaudé des stratégies pour le jour où il y aurait un déjeuner. Arnaldo avait envisagé de se pencher sur un Guide album de vins vieux qui traînait chez eux, distribué pour Noël dans sa boîte, et si lourd qu'aucun des directeurs n'avait voulu l'emporter chez lui. L'idée d'Arnaldo était d'impressionner le flic et, aussi, de montrer à sa mère qu'il n'avait pas besoin d'elle pour devenir savant.

Si tu veux te gagner un ennemi, fais-lui une faveur, dit un vieux proverbe. Le cas était plus grave : outre qu'il n'aimait pas le flic, Arnaldo lui était redevable de deux faveurs. Trois, si on tient compte du fait que l'autre avait promis de ne rien raconter à sa mère. Et cela ne faisait qu'aggraver l'antipathie qu'il ressentait à l'égard du bonhomme et lui ôter toute envie de

---

17. «*ledo e ufano*», caractérisation tirée d'un sonnet du poète portugais du XVIII^e^ siècle António Diniz da Cruz e Silva (1731-1799), fondateur du cénacle poétique l'Arcadie lusitane. Le poème évoque un navire parti par beau temps calme et que la tempête va briser, de même que la jeunesse insouciante du poète sera mise à mal par le temps. (NDT)

supporter ses interminables dissertations jalonnées de coups d'œil complices et furtifs. Ça devait bien l'arranger, ce flic, ce Gervásio, ça devait même le combler de joie de tenir dans sa main le fils de la patronne, le « beau-fils » comme il disait…

C'est donc à contre-cœur qu'Arnaldo appuya sur la sonnette et, après une hésitation inutile, suivit Bárbara, dans l'entrée de cet immeuble situé en face de ce grand édifice qui exhibe à son fronton des années 1950 un athlète dévêtu, découpé contre le ciel, regardant par-dessus les toits avec une mimique étudiée pour l'éternité, comme s'il voulait que la ville restât telle qu'elle fut pour toujours.

Sa mère vint ouvrir avec un vieux tablier blanc acheté des années auparavant à la *Festa do Avante*[18], et sur lequel se lisait, inscrit sur toute la largeur : « Moi je suis communiste, pourquoi pas toi ? »

Arnaldo en profita pour prendre d'emblée l'offensive :

— Maman, franchement, nous ouvrir dans cet accoutrement !

Avec ce commentaire du flic, un peu plus tard :

— Dans tous les régimes, il y a de bonnes et mauvaises choses.

La mère d'Arnaldo :

— Je n'ai pas besoin qu'on prenne ma défense, on est dans un pays libre, et je porte les tabliers que je veux.

— Mais, maman, ce n'est pas la vérité ! On n'a jamais été communiste chez nous.

— Ton père si.

— Alors c'était avant la *Festa do Avante*…

---

18. Équivalent de la Fête de l'Huma, *Avante* étant le journal du PCP. (NDT)

— Là n'est pas la question, mon chéri, là n'est pas la question.

La question était que cette dame n'avait pas l'habitude de manger chez elle, et que, pour cette session expérimentale, elle avait tiré un tablier oublié d'un tiroir, où il se trouvait depuis qu'une de ses femmes de ménage le lui avait offert par malice anticapitaliste et antiélitiste.

De toute façon, ce n'était pas quelque chose qui la mettait en souci. Elle avait de bonnes relations avec tous les « ismes », qui lui étaient d'ailleurs totalement indifférents, à partir du moment où on ne lui faisait pas la guerre et ne lui manquait pas de respect. Son indifférence pouvait passer pour un esprit de tolérance, ce qui était plutôt bien vu, en fait. Politique, idéologie, philosophie, religion, c'était, tout au plus, matière que l'on condescendait à aborder pendant dix minutes, entre deux sujets vraiment sérieux : le mari de Colélia qui s'était démis l'épaule en jouant au golf, et c'était bien fait pour lui, il n'avait qu'à pas sortir avec cette présentatrice télé aux grandes oreilles.

Le déjeuner fut un désastre, mais Arnaldo ne s'attendait pas à ce qu'il en fût autrement. Sa mère s'était aventurée dans la confection d'un plat robuste, et avait, aidée par son flic, mitonné un rata informe. Elle en était à la lettre B du site de recettes d'Internet, et ses amies, qui sait non sans perfidie, ne l'avaient pas découragée après ses expériences antérieures, et lui avaient même donné des conseils. Et sur la nourriture je m'arrêterai là. L'écriture n'est pas faite pour parler de saveurs. Mieux vaut un bon coup de dent qu'un million de mots.

Oui, je sais bien, il y a Eça, le grand Eça, son riz aux fèves, le filet de citron errant si subtilement qu'on a l'impression de le sentir, les orgies de l'*Hotel Central*, des pages et des pages magnifiques. Et de l'Antiquité surgit l'habile Pétrone, nous décrivant le splendide banquet de son Trimalcion, et nous faisant monter l'eau à la bouche avec ses loirs confits dans du miel. Et aussi Galsworthy, avec ses Forsyte qui ouvrent leur repas sur une soupe prétendument de tortue, et dont il convient, avant de la goûter, de vérifier de quoi elle est faite, je soutiens, quant à moi, qu'il n'y a pas une once de tortue dedans, et cela pour rassurer celle qui figure dans cette histoire. Tolstoï donne à voir des personnages qui abattent bouteille sur bouteille, au point que même un Méditerranéen pourtant habitué à une libre circulation des liquides se demande comment cela peut être possible. Et ce que mangent et ce que boivent – surtout ce que boivent – les héros de Gogol, dévorant des esturgeons entiers, en fait des émules de Pantagruel.

Aucun de ces éminents auteurs ne s'est prononcé sur le bouillon de poule pour les malades de Figueira da Foz, ce qui me retire de la compétition et met tranquillement entre parenthèses « l'angoisse de l'influence », pour utiliser l'expression en vigueur d'un critique américain[19].

D'ailleurs, dans cette affaire de l'écriture de romans, qui est une sorte de société à responsabilité limitée, le lecteur dispose d'une voix, et je lui demande d'avoir la bonté de s'en servir, en se rappelant les fois où il a consommé de ce bouillon de poule de Figueira pour les malades, et laquelle a été la pire. S'il réussit à en imaginer une encore plus insipide, il obtiendra le bouillon concocté par la mère

19. Harold Bloom, *The Anxiety of Influence: A Theory of Poetry*, New York, Oxford University Press, 1973. (NDT)

d'Arnaldo. S'il réussit à bien vouloir en imaginer une encore quelques degrés en dessous, il connaîtra l'opinion plus que réservée d'Arnaldo sur les talents culinaires de sa mère et du compagnon d'icelle.

Comme on pouvait s'y attendre, le flic disserta sur les vins et sur ses faits d'armes, et la mère posa d'innombrables questions à Arnaldo et Bárbara, sans s'intéresser le moins du monde à leurs réponses, comme c'était son habitude.

— Qu'est-ce qu'il y a, Bárbara, vous n'aimez pas ? Vous voulez que je vous prépare autre chose ?

Un court instant, le regard de la mère d'Arnaldo erra, comme si elle captait, au loin, d'un simple coup d'œil, quelque signal d'alarme perdu dans la distance. Mais Arnaldo prit un air si terrifié que Bárbara se força à une grimace souriante et joua jusqu'au bout la comédie du ménage heureux, ou, en tout cas, convenu.

S'ensuivit l'interrogatoire habituel sur leur emploi, leurs promotions, avec l'exemple du fils d'Une Telle, qui dirigeait une entreprise d'on ne sait quoi et allait toutes les semaines au Maroc, ou de la fille de Machine, qui était l'esclave, mais bien payée, d'un cabinet d'avocats, et qui avait même des fenêtres à fermeture automatique, et un garde du corps à sa porte, ou du neveu de Tartempionne qui s'était acheté une Porsche avec l'argent que lui avaient rapporté ses investissements et qui disait que plus c'était la crise et plus il faisait des profits. Et elle regardait Arnaldo, consternée :

— Et toi, toi, mon pauvre chéri…

Mais là où les choses se compliquèrent c'est quand elle demanda :

— Et alors, cette tortue, tu t'en es enfin débarrassé ?

Arnaldo s'étrangla avec un quartier d'ananas et le flic se cacha longuement derrière sa serviette pour dissimuler son fou rire. Mais sa mère n'avait rien remarqué.

— Ah, informa-t-elle triomphalement, on m'a trouvé un entrepreneur de confiance.

Sur ce, on frappa à la porte sur la rue, et Arnaldo en profita pour instaurer une pause stratégique :

— Laisse, maman, j'y vais.

Un homme petit et chauve dévisagea Arnaldo d'un œil fixe. Il le repoussa ensuite avec une douce autorité, entra et se rua dans le couloir. Clac ! Arnaldo entendit la porte d'une des salles de bains se fermer et la clé tourner dans la serrure.

— Maman. C'était l'oncle Valentim !

— Ne le laisse pas entrer dans la salle de bains ! Vas-y, vite !

Cet oncle Valentim était un sympathique frère du père d'Arnaldo, considéré par la famille comme « un grand mathématicien qui avait perdu la boule ». Lorsqu'il était petit, les grands-parents d'Arnaldo le mettaient souvent face aux problèmes de mémoire de l'oncle quand ils allaient le voir dans l'institution où il était interné. Il traitait son neveu jovialement : « Alors mon p'tit gars, du pain-de-l'iau-c'est-tout-c'qu'y-veut-le-petiot, pas vrai ? C'est qu'est-ce qu'on veut, c'est qu'est-ce qu'on aura. » Et – semblait-il à Arnaldo – il entretenait avec les grands-parents une conversation très normale et cohérente, excepté telle ou telle phrase qui sonnait hors contexte, il se souvenait seulement de « Alleluia trabadja », accompagnant un rapide geste de bénédiction. Arnaldo avait l'impression que, s'ils n'avaient pas été dans cette petite salle où les gens devaient se regarder dans les yeux et où les mots se revêtaient d'une gravité et d'une épaisseur particulières, personne n'aurait remarqué, étant donné la hâte et le manque d'attention qui caractérisent la façon dont nous nous traitons mutuellement, qu'il s'agissait là d'un sacré coup sur la cafetière. La théorie qui circulait est qu'un grand chagrin d'amour lui avait perturbé l'esprit, comme c'est l'habitude dans ce genre de cas, les familles et les connaissances tendant à rendre nobles et romantiques les dérangements mentaux. Les médecins avaient d'autres explications, de nature scientifique, assez ennuyeuses, et qui sont superflues.

De temps en temps, l'oncle Valentim apparaissait et, sans qu'on ait eu le temps de réagir, se précipitait dans le couloir et allait s'enfermer aux toilettes. Il restait là des heures, des jours si besoin était, et ne répondait ni aux coups frappés à la porte, ni aux prières, menaces, promesses, coups de gueule ou flagorneries, d'où qu'ils vinssent. Il fallait appeler le serrurier (qui arrivait avec cet empressement, cette disponibilité et cette bonne volonté typiques des serruriers...) pour démonter la serrure, restait ensuite à attendre que le personnel de l'institution veuille bien se montrer et user de son ascendant sur l'oncle Valentim.

Ils avaient compris la leçon la fois où la clé des toilettes avait disparu et où la mère d'Arnaldo était entrée, trouvant l'oncle Valentim assis sur le couvercle des W.-C., pétrifié. Il avait hurlé si sauvagement, un cri si aigu, si interminable, de terreur pure, qu'elle avait dû s'enfuir. L'unique façon de le faire taire avait été de refermer la porte et de reprendre le système des bonnes paroles et des suppliques de l'autre côté, en attendant qu'enfin les spécialistes arrivent.

L'après-midi était donc gâché. La mère d'Arnaldo s'empara de son portable, le flic se chargea de surveiller la porte des toilettes et de proférer lesdites paroles apaisantes à intervalles réguliers depuis le couloir, uniquement pour qu'on ne puisse pas dire qu'il ne faisait rien. C'était une question d'urbanité, probablement pour que l'oncle Valentim, qui ne répondait jamais, ne se sente pas seul. Arnaldo et Bárbara retournèrent à la salle à manger et finirent par débarrasser la table, n'ayant rien de mieux à faire. Ils n'avaient pas réussi à trouver un prétexte assez solide pour s'en aller et s'ennuyaient fermement, l'un en face de l'autre.

— Quand vas-tu te décider à lui dire qu'on va se séparer ?

— Parce que tu penses que c'est le bon moment ?

— Je déteste ces demi-teintes.

— On lui dira plus tard. Tous les deux. Une autre fois.

La mère réapparut et se laissa tomber dans un canapé, abattue. Juste au moment où elle avait réussi à ce qu'un entrepreneur, par pure bonté d'âme, se dise prêt à venir examiner l'état de la maison à Lagoa Moura, ce truc-là lui tombait dessus. Et ça allait durer tout l'après-midi. Elle ne croyait pas du tout que le personnel de l'institution allait arriver à temps, lui permettant de se rendre utilement à Lagoa Moura. Le flic allait reprendre son service. De toute façon, elle ne souhaitait pas le mêler aux affaires de famille, travaux, questions d'argent, elle n'en disait pas plus, ils étaient adultes, non, ils comprenaient certainement. Et en disant cela elle baissait la voix, tandis qu'on entendait l'autre, du fond du couloir, qui tentait d'apaiser l'oncle Valentim :

— Valentim, mon vieux, soyez raisonnable, vous devez me faire confiance, je représente l'autorité.

— Voilà où on en est, continua tristement la mère, si je ne mets pas la main sur cet homme ce week-end, il acceptera un autre chantier et je ne le verrai plus jamais. Et demain j'ai cette stupide réunion de copropriété que je ne peux manquer en aucun cas. Imaginez-vous que mon imbécile de voisine veut installer tous les compresseurs des appareils de climatisation de l'immeuble sur ma terrasse, sous prétexte qu'ils défigurent la façade, qui est classée. Échange de lettres, insultes, il y a des copropriétaires qui, comme toujours, profitent de la situation pour cesser de payer leurs charges. Si je n'y vais pas, on risque de gros ennuis.

— Pourquoi ne donnes-tu pas procuration, maman ? répondit timidement Arnaldo, qui devinait où sa mère voulait en venir.

— Parce que je n'ai confiance en personne.

Arnaldo, pétrifié, regarda Bárbara qui, assise à table, faisait semblant de feuilleter un album sur *Les grandes divas du siècle* et, la mine sombre, ne paraissait nullement disposée à venir à son secours. Il s'imaginait dans cette assemblée de copropriété vindicative, le garage inhospitalier, tous ces gens en train de parler en même temps, interventions furibondes à propos des ascenseurs, individus qui gesticulent avec les résolutions budgétaires à la main, révélations ténébreuses sur les lézardes dans le faîtage, infiltrations du cinquième, réclamations au sujet de sa mère et du bruit qu'elle fait au piano avec ses élèves, rancœurs et acrimonies accumulées, s'exprimant par des marmonnements et des apartés, sans parler des dilemmes cruciaux, du catastrophisme, des personnalités qui la ramènent, des matamores exhibitionnistes, des ingénieurs, des comptables, des avocats, et de l'ex-émigrant monté de sa province et qui a un logement de rapport.

Il avait assisté à deux réunions quand sa mère était syndic et l'avait affecté aux écritures comptables. Elle, elle s'y sentait comme un poisson dans l'eau, plaçait sa voix dans les aigus, évoquait tel ou tel précédent, dramatisait le problème de la sécurité, ne serait-ce que pour distraire les attentions si quelqu'un soulevait la question des vieux meubles qu'elle s'obstinait à ranger sur sa terrasse et qui « généraient » de la vermine et des moisissures. Mais sa mère était une lutteuse, lui non. Il baissa les yeux, déjà consentant, avec la résignation d'un chiot qui sait qu'on va lui donner le bain.

Mais Bárbara émergea de son album, et, sans le regarder, dit, à voix basse, une phrase qui sauva la situation :

— Pourquoi tu n'y vas pas, toi, à Lagoa Moura ?

— Mais je n'y connais rien en matière de travaux, répondit Arnaldo, uniquement pour ne pas céder du premier coup. L'éclair qui avait brillé furtivement dans ses yeux n'échappa pas à Bárbara.

— C'est un fait, mon chéri, que tu ne t'es jamais soucié de la maison de Lagoa Moura, dit sa mère d'un ton douloureux.

De l'avis d'Arnaldo, avis que ne partageaient ni Bárbara ni tous ceux qui connaissaient la maison de Lagoa Moura et n'y avaient pas passé des vacances solitaires et contrariées, la maison « était un taudis ». Mais Bárbara insistait :

— Il s'agit seulement de montrer la maison à ce monsieur et de lui demander un devis.

Arnaldo ressentit à ce moment-là une immense gratitude envers sa femme. Et fut presque contrarié de ne pouvoir dans la circonstance la lui exprimer.

Sa mère :

— Mais oui. Et en plus, je t'écrirai tout ce qu'il faut sur une feuille.

Des coups rythmés résonnèrent dans le couloir. C'était le flic qui frappait à la porte des toilettes et appelait, dans l'espoir d'obtenir un résultat.

— Valentim, mon vieux ! Répondez, au moins, bon sang ! Valentim !

— Ah cet homme, dit la mère, en se prenant la tête entre les mains. Ah cet homme.

Et le jeune couple ne comprit pas bien auquel des trois elle faisait référence.

En fin d'après-midi, après un tohu-bohu de bonshommes en blouse blanche et un chassé-croisé de coups de téléphone, Arnaldo se retrouva en bas des escaliers avec trois grosses clés qui tintinnabulaient dans sa main.

— Merci, dit-il à Bárbara.

Et il s'arrêta là.

À travers l'acrylique embué de l'aquarium, la tortue discerna des alternances de lumière et d'ombre, perçut des bruits entrechoqués, des gargouillis, des résonances qui troublaient l'espace. La dense quiétude du salon s'effrita, des présences vibraient dans l'air, dans l'eau, dans l'épaisseur de la matière. Des objets grincèrent, tintèrent. Elle se retira lentement dans sa carapace, attendant que tout cela se stabilise.

Le docteur Ivan Petrovitch Pavlov n'a jamais songé à travailler avec des tortues, de sorte qu'il est difficile d'établir si les bruits laissaient augurer, dans ce cerveau extrêmement primaire et nébuleux, de la délectable pluie de minicrevettes séchées tombant d'en haut comme une exquise manne. Admettons que non, pour simplifier.

Arnaldo et Bárbara étaient rentrés chez eux et bavardaient. Bárbara disait :

— Mais moi je ne veux pas me retrouver là-bas.

Arnaldo répondait :

— Mais c'est toi qui as eu cette idée…

La mère d'Arnaldo avait fixé le rendez-vous avec l'entrepreneur le lendemain, à neuf heures du matin. Il y avait deux heures de route. Arnaldo n'avait guère envie de se lever aussi tôt un dimanche et de se mettre en chemin. Bárbara, qui réfléchissait vite, avait suggéré qu'ils emportent la tortue et la jettent dans la Lagoa Moura. C'était la meilleure solution, qui convenait à tout le monde.

— Mais tu crois qu'elle pourra se nourrir ?

— Bien sûr ! Il doit y avoir beaucoup plus d'insectes, beaucoup plus de vie que dans les étangs des jardins.

C'est de cela qu'ils avaient parlé depuis chez la mère d'Arnaldo jusqu'au Lumiar. Elle ne les avait jamais invités à profiter de la maison de Lagoa Moura, où, d'ailleurs, elle n'allait que deux ou trois fois l'an, au plus. Depuis leur mariage, Arnaldo et Bárbara n'y avaient passé qu'un week-end, au cours duquel sa mère avait rendu fous tous les présents. Dans un maelstrom, elle n'avait cessé de houspiller le couple, fais ci, fais ça, nettoie-moi ci, mets-moi ça là, mais qu'est-ce que tu fais ? Tu es où ? Apporte du bois, coupe, tire, pousse, porte, pose.

Arnaldo se rappelait vaguement que son père lui avait dit un jour, l'arrêtant alors qu'il faisait des tours de tricycle autour de la maison de Lagoa : « Allez, on va jusqu'à la lagune ! » Son père marchait devant, à deux ou trois mètres, sifflotant entre ses dents. Le jour était brouillé, humide, les grenouilles sautèrent dans l'eau à leur arrivée, dans un envol d'éclaboussures, fouettant les eaux de leurs plongeons. Lui étaient restés en mémoire les ricochets que son père faisait à la surface de la lagune, trois, quatre à la suite, laissant un bref sillage à chaque fois. Lui aussi avait jeté des pierres, mais leur trajectoire était maladroite et elles retombaient bêtement, avec un « Plouf ! » sans intérêt, dans les eaux grises. Son père ne l'avait même pas regardé, ne lui avait pas dit un mot, ne lui avait pas appris à faire des rebonds, et était rentré à la maison les mains dans les poches, aussi silencieux qu'à l'aller. Quelques jours après, il était parti à l'étranger, et n'était jamais revenu. Le souvenir de cet après-midi avait créé chez Arnaldo un malaise douloureux, un vide inexpliqué, une interrogation à jamais sans réponse.

À présent, il se demandait s'il n'avait pas abandonné dans la maison de Lagoa Moura un vieux blouson du service militaire qui l'avait en son temps fasciné. Et il se persuada que cet intérêt était une motivation supplémentaire qui, sans le rendre heureux à proprement parler, ni compenser les frais d'essence, présentait quelque avantage. Ce serait assez sophistiqué de se balader dans la maison avec son blouson du service militaire, au lieu de son chandail en tricot qui avait déjà de minuscules trous de mites.

En revanche, Bárbara, qui avait toujours vécu à Alcântara[20] avant de se marier, avait bien aimé la maison de campagne. Elle avait fait fi des constantes remarques de sa belle-mère, découvrant ravie des tas de nouveautés, vieux lits en fer, coffres, meubles peints, ustensiles de cheminée, files de fourmis, s'était pâmée devant les arbres, les grands espaces, le romarin, les oiseaux, pressentant chez elle une vocation de pionnière, la main verte et un vrai don de propriétaire.

---

20. Alcântara est un quartier populaire de Lisbonne, contrairement à l'Avenida de Roma… (NDT)

Mais elle préféra ne pas évoquer auprès de son mari, dans la circonstance, ces goûts ruraux. Et c'est d'une façon pratique et sèche qu'elle dit à Arnaldo, lui tendant un réveil à clochettes en cuivre :

— Tu te lèves tôt, tu parles avec le type, et après tu mets la bête dans la lagune.

— En plein jour ? Et si on me voyait ?

— Et alors ?

— En train de démolir l'écosystème ? Je pourrais être arrêté !

— Quelle bêtise.

— Quoi, bêtise ? Ça ne serait pas la première.

— Alors, écoute, fais comme tu veux…

Abattu, se vautrant sur le canapé, Arnaldo protesta timidement :

— On était d'accord pour l'emmener tous les deux…

Bárbara eut pitié de lui, si fatigué, sans défense, la tête baissée, les cheveux dans les yeux, un air triste et enfantin, de petit garçon auquel on a fait une promesse qu'on ne tient pas, dont on frustre un espoir.

— Bon, donc, je vais y aller et y passer la nuit. Tu me mets au moins la tortue dans un sac ?

— Les draps doivent être humides… Ta mère aurait une bassinoire, tu crois ?

— Tu viens avec moi ?

C'était une supplique attendrissante. C'est tout juste si Bárbara n'allongeait pas la main pour lui caresser les cheveux. Elle se contenta, l'air décidé, d'ouvrir la porte d'une armoire.

Ils se préparèrent à partir, méthodiquement, se parlant avec la plus grande courtoisie, à voix basse, gestes contrôlés et dignes, faisant preuve d'une parfaite compétence dans l'organisation de leur bagage. Intérieurement, chacun d'eux était transporté d'une joie qui exigeait pour être réprimée un bel effort de leurs muscles faciaux.

La tortue fit le voyage dans son aquarium en acrylique, bougeant et se heurtant dans les coins. Si ce changement d'herbage, le bruit de l'auto, les odeurs emmêlées la surprirent, rien n'en transpira, car le couple, les yeux fixés sur la route et les pensées perdues dans le lointain, n'y prêta aucune attention. Pendant le trajet, Arnaldo se sentit encore plus reconnaissant à l'égard de Bárbara de lui avoir évité l'assemblée des copropriétaires, avec tous ces maniaques des portes-cochères-qui-doivent-être-verrouillées-à-l'heure-précise, et des comptes rendus en trois exemplaires à transmettre au Ministère public avec copie pour la Mairie. Il éprouvait une sorte de remords, sans bien savoir pourquoi.

Bárbara, au son très bas de la musique à la radio, s'abandonnait à la lassitude de la nuit accueillante, dans les ombres des arbres qui défilaient l'une après l'autre, en une succession tranquille qui conviait au repos et à l'apaisement. La présence d'Arnaldo, silencieux à ses côtés, faisait partie de cette harmonieuse quiétude.

Peut-être les draps de la maison de la Lagoa Moura étaient-ils, de fait, humides, peut-être l'air ambiant était-il dense, glacé, moisi, peut-être les objets, ayant perdu l'habitude de la présence humaine, avaient-ils du mal à se faire au va-et-vient de ces deux-là.

Mais faire les lits, coordonner les gestes, tirer les couvertures, tapoter les oreillers, impliqua une communion d'intentions et des frôlements de mains croisées qui exigèrent de plus en plus de synchronisation, et ils ne tardèrent pas à se retrouver enlacés sur la couette, gravissant de nouveaux paliers dans l'action et se livrant à des contorsions inusitées sur le lit de fer fatigué, qui couinait, grinçait et gémissait on ne sait si en signe de protestation ou de complicité, et ils se roulèrent l'un sur l'autre pendant longtemps encore, jusqu'à ce que les matériaux demandent grâce et s'interdisent de manifester.

Quand, plus tard, ils se promenaient côte à côte dans un sentier ombreux de la forêt, s'épaulant mutuellement pour écarter les ajoncs et les grosses racines desséchées qui les gênaient, Bárbara crut bon de préciser :

— Ne pense pas que ce qui s'est passé tout à l'heure va changer quoi que ce soit… et elle fronça son petit nez.

Mais eux deux savaient bien que tout avait changé et que l'idée de cette séparation était profondément absurde. Seule l'obscurité empêchait que chacun d'eux vît l'air réjoui de l'autre, l'effort commun qu'ils faisaient pour le cacher. Arnaldo commença à balancer le sac en plastique dans lequel était la tortue, et Bárbara le gronda :

— Attention, voyons !

Et elle le serra plus fort.

Ils étaient maintenant devant la lagune qui, la nuit, était ample comme la mer, exhalant la noirceur inquiétante de l'abîme, bruissant de présences vivantes. Certaines n'étaient pas inconnues, poudroiement désordonné qui irisait un rai de lumière venu de la terrasse d'un certain Farid, un Pakistanais qui avait installé là un campement. Les autres étaient seulement devinées, faites de matières miasmatiques qui se confondaient avec la brume, porteuses d'inquiétantes menaces dans la fragilité de ce silence.

Courbés au-dessus de l'eau, vaguement inquiets à cause de cette atmosphère lourde et même de la lumière, qui tremblotait dans un halo sinistre, tous deux avaient du mal à sortir la tortue du sac. Une sorte de halètement montait de l'obscurité, de petits crépitements résonnaient, éclatant sourdement, presque inaudibles. Bárbara, qui avait mis les gants en latex, commenta, hésitante, tenant la tortue qui glissait entre ses mains maladroites :

— En y réfléchissant, on n'a peut-être plus besoin de la jeter là-dedans…

— Oui, mais, répondit Arnaldo, on n'en a pas vraiment besoin…

Ils en étaient là quand, soudain, les crépitements se répondirent en écho, plus forts, plus nets, l'espèce de halètement se transforma en sanglot, on entendit le bruit sourd de pas qui se rapprochaient, irréguliers, une ombre surgit de la pente, se détachant entre les pins, et s'arrêta un instant.

Arnaldo et Bárbara crièrent, s'étreignirent, affolés, et reçurent les éclaboussures d'un grand *splash*, celui d'un corps pesant qui tomba comme une pierre dans la lagune et étouffa le *plof* subtil que la carapace de la tortue émit en s'enfonçant dans l'eau.

Ensuite ce fut un charivari infernal. L'homme qui s'était jeté à l'eau hurlait de terreur et se débattait, faisant gicler de toutes parts l'eau boueuse. Apparurent le Pakistanais et une jeune fille, avec une lanterne, et ils aidèrent l'homme, une armoire à glace, avec une jambe dans le plâtre et saoul comme une vache, à sortir de la lagune.

Arnaldo et Bárbara se retrouvèrent chez une universitaire à la retraite, réchauffant près d'un bon feu de cheminée le baigneur nocturne. Apparemment, c'était un cinéaste, son frère, qui avait l'habitude de se biturer, et qui ce soir-là avait abusé. La sœur se manifesta un peu plus tard, se confondit en excuses, remercia tout le monde, demanda instamment de ne pas appeler les pompiers et ne cacha pas un désespoir touchant, tant il était silencieux et bien élevé.

Farid et la jeune fille s'étaient déjà chargés de déshabiller le frère et de l'enrouler dans une couverture. L'homme, hormis sa cuite, semblait moins mal. On le laissa à côté de la cheminée, à balbutier des incohérences, le pied sur un tabouret, la couverture, qui avait glissé, laissant voir les poils blonds et blanchis de son torse vieillissant[21].

Sur le chemin du retour, dans la forêt, Bárbara enlaça Arnaldo et lui dit :

— Finalement, on est des êtres humains, non ?

Dans la lagune de Lagoa Moura, la tortue n'avait pas échappé à l'œil perçant d'une effraie des clochers, perchée sur un pin, immobile avant de lancer son horrible cri rauque. Mais c'est un épervier, le lendemain, qui l'arracha à un banc de sable.

La carapace vide est là, pleine de terre et de fourmis, à l'ombre d'un chêne bas. L'entrepreneur ne s'était pas présenté, l'autre matin.

---

21. La scène qui précède est un clin d'œil de Mário de Carvalho à ses fidèles, car elle enchaîne sur les derniers paragraphes d'un précédent roman, *A sala magenta* (Caminho, 2008), traduit en plusieurs langues, dont l'espagnol (*El salón magenta,* Xordica, 2013). (NDT)

Achevé d'imprimer en novembre 2013
sur les presses de Normandie Roto Impression s.a.s.
61250 Lonrai
N° d'impression : 13-4366